AF464390

VOYAGE

DANS

L'INDE ET AU BENGALE

VOYAGE
DANS
L'INDE ET AU BENGALE,

FAIT dans les années 1789 et 1790;

CONTENANT la description des îles Séchelles et de Trinquemalay, des détails sur le caractère et les arts industrieux des peuples de l'Inde, la description de quelques pratiques religieuses des habitans du Bengale.

SUIVI d'un Voyage fait dans la mer Rouge, contenant la description de Moka, et du commerce des Arabes de l'Yémen; des détails sur leur caractère et leurs mœurs, etc. etc.

PAR L. DEGRANDPRÉ, Officier de la Marine française.

ORNÉ DE BELLES GRAVURES, ET DU PLAN DE LA CITADELLE DE CALCUTA.

TOME PREMIER.

PARIS,

DENTU, Imprimeur-Libraire, Palais du Tribunat, galeries de bois, n.° 240.

AN IX. — 1801.

VOYAGE

DANS

L'INDE ET AU BENGALE.

Départ de l'Ile de France.

En mil sept cent quatre-vingt-dix, j'étais à l'Ile de France avec un vaisseau trop grand et trop fin pour ce pays; ne pouvant m'en défaire, je pris le parti d'aller le vendre au Bengale, où j'espérais en trouver bon prix, quoique sa grande finesse lui rendît la navigation du Gange périlleuse; mais comme il payait de mine, j'espérai qu'on passerait sur cet inconvénient, et je ne me trompai pas. Je mis donc en armement, et ne tardai pas à me trouver prêt à prendre la mer. Divers motifs, entr'autres des raisons d'économie, me décidèrent à congédier tous mes Européens, et à naviguer avec des noirs Indiens, que l'on nomme Lascars ; mais il me fut impossible de m'en procurer. Je fus contraint de m'accommoder d'une trentaine de Manillois, dont l'inexpérience et la pusillanimité m'ont rendu la traversée infiniment épineuse. La première contrariété qu'ils me firent éprouver, fut de me faire manquer la relâche de l'île de Bourbon, où je comptais prendre des vivres frais ; je fus contraint de faire route pour les Séchelles, où je regardai comme une bonne fortune d'arriver sain et sauf, après avoir traversé un archipel dangereux, au milieu duquel la navigation est soumise à une multitude de manœuvres qui demandent un équipage exercé.

Arrivée aux îles Séchelles.

Après quatre jours d'inquiétudes et de travail, j'arrivai sur le banc des îles Séchelles. Ceux qui voudront prendre une idée correcte de tout cet amas d'îles et d'écueils, peuvent se procurer la carte du chevalier *Gre-*

nier, qui ne laisse rien à desirer à cet égard. La sonde m'annonça l'approche du banc, et la vue de l'île aux Frégates me confirma ma situation. J'étais rendu à cette petite île, le soir à six heures, et je dirigeai ma route vers l'île Mahé, capitale de ces établissemens, que l'éloignement ne me permettait pas encore d'apercevoir; je me trouvais alors par trente brasses d'eau.

La nuit fut extrêmement orageuse, et le lendemain, vers huit heures du matin, j'eus connaissance de l'île Mahé, où je vins mouiller vers trois heures après-midi. Le gouverneur était un officier du génie détaché de l'île de France; j'en reçus tout l'accueil et tous les secours que je pouvais desirer.

Les îles Séchelles forment un petit archipel particulier, compris dans le grand archipel du nord de l'île de France. Elles s'élèvent sur un banc de sable qui les environne toutes ; leur nom est un hommage rendu à M. de Sechelles ; et la principale porte le nom de M. Mahé de la Bourdonnaie, gouverneur, auquel la colonie de l'Ile de France doit le commencement de sa splendeur. C'est une particularité bien étonnante que des îles portant sonde au large. C'est en même tems un bien grand avantage pour les marins qui ne peuvent les manquer quand ils les cherchent, et qui, d'un autre côté, ne peuvent les rencontrer inopinément, ce qui pare au danger d'un naufrage. Quant aux raisons physiques de la formation de ce banc, nous allons tout-à-l'heure en parler. Parmi ce groupe d'îles, quelques-unes ne sont que des rochers arides, mais il y en a quatre sur lesquelles il y a de l'eau, et qui sont susceptibles de culture ; ce sont l'île Mahé, celle de Sainte-Anne, l'île Praslin et celle aux Frégates. L'île Mahé est la principale et la plus étendue ; sa grandeur peut être de cinq lieues de circonférence ; elle est de la seconde hauteur, c'est-à-dire, qu'elle excède mille pieds, mesure que je donne à-peu-près, car je n'ai pas eu le tems d'y faire des observations exactes. L'île entière est une seule montagne, sur laquelle se prononcent plusieurs pics sans vallées considérables ; elle est primitive, c'est-à-dire, granitique, et dans quelques endroits les flancs décharnés de ses pics, s'élevant perpendiculairement, laissent voir le granit pur.

C'est sans doute cette montagne, et celles dont les autres îles forment les sommets, qui ont servi de point d'appui contre lequel l'Océan vient déposer lentement les sédimens dont il a formé le banc qui les environne, et qui les réunira vraisemblablement toutes à l'avenir en une seule île.

Formation du banc.

Ne négligeons pas les remarques qui peuvent avoir du rapport aux changemens physiques du globe, et à l'organisation lente des bancs et des masses que la mer amoncelle dans son sein. Il me paraît que la forme du banc des Sechelles offre matière à des réflexions de ce genre, si l'on observe que les courans, dans la bande des vents généraux, suivent toujours l'impulsion du vent, que par conséquent ils portent toujours au nord-ouest; on concevra facilement que ces pics de granit se réunissant par la base à une profondeur qualconque, ont arrêté, depuis une longue suite de siècles, tous les détrimens, tous les corps étrangers que les flots et les marées emportaient dans leur cours. Ils les ont arrêtés sur les points où ils arrivaient, par conséquent vers le sud-est, où ils ont formé le banc sur lequel s'élèvent les îles Sechelles.

On m'objectera peut-être que plusieurs îles ont leur mouillage sous le vent, telles par exemple que les Iles de France et de Bourbon, celles de

Saint-Hélène et de l'Ascension, autour desquelles on ne trouve point de sonde vers le vent, et qui portent toutes un petit banc du côté opposé aux courans. La réponse est bien simple; ces îles sont volcaniques : l'Ile de France porte par-tout les vestiges d'un bouleversement; on y trouve la lave à chaque pas. Celle de Bourbon brûle aujourd'hui; le pic des Salazes est un volcan; celle de Saint-Hélène porte encore l'empreinte des flammes qui sont dessinées sur ses montagnes. Quant à celle de l'Ascension, sa conflagration est si récente, que son sol n'est que de la cendre; elle n'a pas encore eu le tems de s'abreuver assez pour y conserver l'eau; on n'en trouve pas une goutte dans toute l'île.

Qu'elles soient toutes les débris d'un continent naufragé, ou qu'elles aient été lancées par une explosion sous-marine (j'admettrais plutôt le dernier cas), leur formation a été accompagnée d'accidens qui ont donné lieu à la naissance de ces bancs, lesquels n'ont rien de commun avec ceux que la mer organise lentement. Ces îles sont trop neuves pour que l'Océan ait eu le tems d'y adosser les matières dont il forme les bancs et les masses qu'il accumule dans le silence des siècles.

Le banc sur lequel s'élèvent les îles Sechelles, s'étend à une assez grande distance sous le vent : mais je n'en conclus rien contre ce que j'avance. Pour que ce fait démentît ma théorie, il faudrait que l'île Mahé fût seule ; elle est au contraire comprise dans un archipel situé au milieu de deux autres plus étendus encore, et qui n'en sont que peu éloignés. Il est évident qu'à des profondeurs variées et jamais très-considérables ces îles se joignent toutes par la base, depuis le nord des Laquedives jusqu'aux Iles de France et de Bourbon. Les montagnes de ce continent forment les îles que nous connaissons ; il en doit exister beaucoup d'autres que leur peu d'élévation condamne à rester submergées. L'île Mahé est environnée de pareilles sommités qui, ne pouvant élever leur tête au-dessus des flots, ont seulement intercepté les matières que l'Océan entraînait dans son cours : elles s'en trouvent aujourd'hui couvertes, et forment le banc, dont la figure s'est assujétie à leur situation. Il est probable que cette partie du banc des Sechelles n'asséchera que long-tems après le côté du vent, parce que rien ne faisant plus obstacle aux courans, ils emportent avec eux dans l'immensité de la mer, les corps étrangers qui s'échappent des îles de cet archipel ; tandis qu'au contraire l'île Mahé et les autres, opposant une barrière aux marées, les contraignent à déposer sur le point de résistance les sédimens qu'elles charrient. Cette hypothèse est prouvée presque jusqu'à l'évidence ; car le banc des Sechelles s'élève considérablement vers le vent. La sonde n'indique plus qu'une très-petite profondeur dans la ligne directe des marées, c'est-à-dire dans le sud-est; et cette profondeur doit encore diminuer tous les jours. Enfin, si quelque chose peut donner du poids à ma conjecture, c'est que le port des Sechelles diminue très-sensiblement de profondeur; il en est de même de celui de l'Ile de France. Ces deux remarques démontrent non-seulement que l'Océan y amoncelle des détrimens étrangers dont il se sert pour les organiser, mais encore que sa retraite lente et graduée suit dans ces climats la même marche uniforme que nos savans ont observée sur les autres points du globe.

Montagnes. Quant à la forme des montagnes, j'observerai qu'en général, lorsqu'on en rencontre une dont les faces sont perpendiculaires, on peut d'avance juger qu'elle est primitive, ou volcanique.

Cette forme annonce une explosion ou une forte commotion. Les montagnes secondaires, au contraire, formées lentement par l'Océan des matières qu'il y dépose sans cesse, ont les formes adoucies, à moins cependant qu'elles ne soient adossées à une roche vive ; dans ce cas et dans celui où elles auraient pu servir après leur formation de lit à un courant, elles pourraient être minées par les eaux, ou coupées perpendiculairement : mais ces exemples sont rares.

Depuis que les montagnes de ces îles furent projetées dans une des grandes révolutions du globe, la nature a eu le tems d'y amasser des détrimens végétaux, en si grande quantité, que les montagnes sont couvertes d'une couche de terre très-épaisse par-tout où leur forme peut en admettre. Et comme ces îles n'ont été fréquentées que depuis le siècle présent, elles avaient eu le tems de se couvrir d'une végétation extrêmement vigoureuse. L'île de Mahé ne présentait qu'un seul bouquet de bois, propre à la construction navale; on en a beaucoup détruit pour exploiter les habitations; mais le gouvernement de l'Ile de France a pris cet objet en considération, et porté des ordonnances pour le conserver, sur-tout celui de Tatamaka, qui fournit les belles courbes dont on se sert pour la construction des vaisseaux.

L'île Mahé sert d'appui à trois petites îles posées sur sa côte. L'intervalle compris entr'elle et l'une d'elles, nommée Sainte-Anne, forme une baie superbe qui sert de rade, où le mouillage est excellent. Ces îles sont toutes environnées d'une très-grande quantité de corail, qui paraîtrait être la matière première dont les détrimens amoncelés par l'Océan forment lentement les bancs et les terres que la mer organise.

Ce corail forme ici des rescifs d'une

grande étendue : ils s'élèvent jusqu'à la superficie de la mer ; mais au fond de la baie vis-à-vis l'île Mahé, la nature y a pratiqué un petit interstice, qui vient en serpentant jusqu'au rivage, admettant une très-grande profondeur d'eau. Cet endroit est nommé communément le Barachouas : au besoin on en pourrait faire un port, c'est un très-beau canal, revêtu des deux côtés de corail coupé à pic, formant un quai au niveau de l'eau, ce qui préserve de toute agitation la mer dans le canal.

Les vaisseaux qui veulent y entrer, portent à bras une petite ancre sur les coraux, et s'amarrent de cette manière sans être obligés de mouiller autrement.

La possession de ces îles est de la plus grande importance pour la France; aussi en a-t-elle pris possession dès que la colonie de l'Île de France a acquis un peu d'accroissement. Le port et la rade des Sechelles sont un point à portée de cette colonie, d'où en peut sans cesse l'inquiéter, et couper sa communication avec l'Inde : ainsi, en supposant même qu'elles ne fussent d'aucune autre utilité, il serait toujours important pour le gouvernement français que ses ennemis ne s'en emparassent pas; mais ces îles sont précieuses sous bien d'autres rapports.

Epiceries. Lorsque les Français parvinrent à dérober des épiceries aux Hollandais, les plants furent apportés à l'île de France, et cultivés soigneusement dans le jardin du roi : quelques années heureuses, une culture bien entendue et très-coûteuse, firent espérer qu'on les naturaliserait; déjà même on pouvait céder de jeunes plants aux habitans, en leur enseignant la manière de les élever; mais bientôt les ouragans détruisirent une si belle espérance : l'habitant se lassa de donner des soins extrêmes et dispendieux à un objet dont le profit très-douteux était au moins très-éloigné ; les résultats, même pour le jardin du roi, ne furent pas aussi satisfaisans qu'on le desirait. Les cannelliers ne donnèrent qu'une écorce légère peu onctueuse, et d'une force bien moins piquante que celle des Moluques. Les gérofliers languirent, et quoique l'arbre se portât bien, les fruits ne répondaient pas à l'attente du gouvernement ; en un mot, ce n'était à proprement parler qu'un objet de curiosité. Comme on a des orangers en Russie ou dans le nord de l'Allemagne, ils produisent des fruits à force de soin, mais ils sont abâtardis, sans goût, sans saveur, et même presque sans odeur.

L'administration jeta les yeux sur les îles Séchelles, dont la latitude pareille à celles des Moluques, offrait des probabilités en faveur de cette culture. On y porta des plants avec le plus grand secret, et comme les vaisseaux négriers relâchaient ordinairement à l'île Mahé pour prendre de l'eau et des tortues, on porta les plants de l'autre côté de l'île pour leur en dérober la connaissance; on les déposa dans l'anse royale, et on les abandonna à la nature.

Le succès passa les espérances; les canneliers sur-tout se propagèrent avec une telle rapidité, que bientôt tout ce canton en fut couvert partout où les arbres de haute-futaie leur permirent de croître. Les gérofliers et les muscadiers réussirent aussi, mais pullulèrent moins vivement.

Les choses étaient en cet état, lors que la guerre se déclara en 1778, entre la France et l'Angleterre. M. le vicomte de Souillac, gouverneur des Iles de France et de Bourbon, ainsi que des îles qui en dépendent, guidé par un patriotisme pur et bien entendu, prit les précautions nécessaires pour empêcher les ennemis de l'état de s'emparer du fruit précieux de tant de travail, de patience et de dépenses; mais la personne chargée de l'exécution de ses ordres, manquait de l'intelligence nécessaire pour une commission aussi importante. Le gouvernement entretenait ordinairement un poste dans cette île ; la crainte de le voir enlevé, le fit relever au commencement de la guerre ; on n'y laissa qu'un gardien avec quelques Noirs. L'ordre portait de prendre toutes les précautions nécessaires pour incendier les pieds des cannelliers, et d'y mettre le feu dès que l'ennemi tenterait de s'emparer de l'île. Malheureusement un gros vaisseau français venant de Madagascar relâcha à Mahé pour y faire de l'eau; le gardien le jugeant mal, le prit pour un ennemi; il s'épouvanta, se crut attaqué, et craignant de n'avoir pas assez de tems pour brûler les épiceries, il se hâta d'y mettre le feu, et détruisit tout.

Ainsi périrent les espérances du gouvernement français ; cependant les oiseaux, très-friands d'ordinaire des baies de canelliers, en avoient emporté et laissé tomber une grande quantité dans les bois de l'intérieur de l'île : elles y ont produit de nouveaux plants que l'on a retrouvés à la paix de 1783. On les a soignés, et à l'époque à laquelle je visitai ces îles, les canelliers, gérofliers et muscadiers, y étoient en très-bon état, mais en petite quantité. Il est hors de doute que la France pourrait cultiver toutes les épiceries avec succès, sur les îles Sechelles, et malgré leur peu d'étendue, elles en pourraient fournir suffisamment pour la consommation de la République. Le climat y est on ne peut plus favorable, et les expériences que je viens de citer prouvent incontestablement que le succès serait complet. Mais depuis les essais qu'on a faits à Cayenne, il paraît que le gouvernement avait perdu de vue le projet de les naturaliser sur ces îles.

En 1790 on accorda des concessions aux habitans de l'Ile de France, qui voulurent passer à Mahé pour s'y établir ; l'île entière fut bientôt concédée ; mais à cette époque personne n'était encore fixé sur l'île Pralin, ni sur celle aux Frégates. Quant à celle de Sainte-Anne, le Gouvernement l'avait réunie au domaine, afin de la laisser à la disposition des vaisseaux qui relâchaient en ce port, et leur donner la liberté d'y descendre leurs équipages pour s'y rétablir, sans craindre aucune maladie pour les autres îles, avec lesquelles toute communication est fermée dans les cas de contagion.

Concessions.

Ces habitans pressés de jouir et surtout de vivre, ont négligé les épiceries, en ont même détruit pour se donner à la culture du riz, du maïs, du manioque, des cocotiers, et à la

Tortues. pêche de la tortue. Ce dernier article offrait à leur industrie un appât si séduisant par le profit qu'ils en retiraient, qu'ils s'y sont jetés avec une avidité qui menaçait de détruire l'espèce en fort peu de tems. Le gouvernement y a mis ordre, et la pêche est maintenant subordonnée à des restrictions. Ces îles ayant été long-tems désertes, la tortue y venait abondamment pour la ponte, mais on s'aperçoit journellement, qu'effrayée par les habitans, elle diminue de quantité. Le gouvernement conserve les femelles dans des parcs préparés sur le rivage, où chacun peut en recevoir pour ses besoins seulement, et non pour aucun commerce. C'est une bien grande ressource pour les vaisseaux dont les équipages sont attaqués du scorbut. Les mâles sont rendus à la liberté, quand on en prend.

Coco de mer. Ces îles produisent encore une espèce de cocotier qui leur est particulière, c'est ce qu'on appelle coco de mer, ou coco jumeau; ce fruit représente parfaitement les parties postérieures humaines, on le recherche dans toute l'Asie, à cause de sa rareté.

Productions.

Le sol des îles Sechelles est neuf, par conséquent très-fertile; l'indigo y est indigène, et toutes les plantes y réussissent parfaitement. Le bétail à corne y languit, les cochons et les cabris seuls y réussissent; La volaille y vient très-bien et s'y engraisse en peu de tems. Le ris y a fixé l'attention des cultivateurs, par sa supériorité sur tout autre connu. Malgré cela la colonie dans l'état actuel est sans valeur, et quoiqu'elle pût produire de grands avantages, elle est réduite à n'être qu'un garde-manger pour les vaisseaux qui y relâchent en petit nombre. Ce n'est plus que sous ce point de vue qu'on doit la considérer, jusqu'à ce qu'une administration sage veuille la rendre à sa première destination. J'ai fait aux îles Sechelles quelques remarques sur les tortues, qui donneront peut-être lieu à des conjectures sur un fait qui n'a point encore fixé l'attention des naturalistes.

Question sur les tortues.

La tortue de terre nage-t-elle, fait-elle, entreprend elle de grands trajets par eau ? En attendant que cette question soit répondue sans réclamation, il n'est peut-être pas indifférent d'observer que les îles Sechelles abondent en tortues de terre. D'où y sont-elles venues ? De plus, des tortues de terre prises à l'île Pralin, déposées dans le parc de cette île et marquées sur le dos d'une marque circulaire avec un outil de tonnelier, qu'on nomme rouënne, ont été reprises à trois lieues de là, sur une autre île nommée l'île aux Cerfs, voisine des barachoues de Mahé. D'autres mises dans le parc de cette même île aux Cerfs et marquées d'une marque particulière, ont été reprises sur l'île Mahé, qui en est séparée par la baie et le port, ce qui comporte au moins une lieue de distance. On peut regarder ce fait comme certain; je le cite parce que je n'avais jamais entendu dire que les tortues de terre fissent par mer des trajets aussi majeurs. L'observation m'a semblé nouvelle, et je m'empresse d'en faire part aux naturalistes.

Pendant mon séjour aux Sechelles, je pensai perdre ma chaloupe et tous ceux qui la montaient. Ils se laissèrent jeter à la côte, par une légère brise qu'ils eurent la mollesse de ne pouvoir vaincre; je les crus emportés à la mer, où ils auraient infailliblement péri; heureusement on me les ramena le lendemain. Ils avaient échoué auprès de la plantation d'un habitant dont la récolte consistait en cocos; ils la pillèrent impitoyablement, et volèrent trois milliers de ce fruit dont ils chargèrent la chaloupe;

l'habitant que je priai de mettre un prix à sa denrée, voulut bien se contenter de trente piastres d'Espagne, que je lui payai sur-le-champ.

Départ des Sechelles.

Tout étant prêt pour mon départ, j'appareillai gouvernant au nord, et m'élevai jusques par la latitude de neuf degrés nord pour passer entre les Laquedives et les Maldives. Le jour où je donnai dans ce passage, fut marqué par la perte d'un matelot Manillois, qui tomba à la mer en travaillant à changer une mizaine neuve. Ce malheureux nageoit comme un poisson, il riait d'abord en appelant chacun par son nom, et invitant ses camarades à venir prendre un bain avec lui. Il était alors quatre heures après midi, le vent fraîchissait sensiblement, et le vaisseau faisait un peu plus d'une lieue à l'heure. L'officier de quart vint en travers à l'instant, on lui jeta une cage, des bouées et autres objets, qu'il dédaigna d'abord, es-

Matelot noyé.

pérant joindre le vaisseau ; on lui jeta enfin une barrique sur laquelle je fis filer une ligne de sonde de deux cents brasses et plus de quatre cents brasses de filain en diverses pièces : tout fut inutile, il ne put jamais l'attraper, le vent et les courans faisaient driver le vaisseau plus vite qu'il ne pouvait nager. Quand il s'aperçut que la chose devenait sérieuse, on le vit nager avec effort et lever son bras de tems en tems pour se faire voir.

Cependant j'avais ordonné de mettre la chaloupe dehors, ne voulant rien négliger pour le sauver ; mais comme elle était extrêmement lourde, il nous fut impossible de la mettre assez tôt à la mer. Les Noirs de Manille, au lieu de mettre la main à l'ouvrage, se tenaient sur le bord, regardant leur camarade, et lui criant je ne sais quoi dans leur langue, sans que les coups ni les exhortations pussent les faire rester au cabestan pour virer.

Le vaisseau en travers d'une grosse lame, roulait excessivement ; tous nos efforts suffisaient à peine pour retenir le bateau et empêcher les accidens ; enfin à sept heures du soir il allait être à la hauteur de la lice, lorsque la nuit nous surprit. Il y avait plus d'une heure et demie qu'on ne voyait plus cet infortuné. Je renonçai à le sauver avec d'aussi mauvais matelots, persuadé qu'en mettant ma chaloupe à la mer pendant la nuit pour s'élever dans le vent contre une pareille lame, je compromettais tout son équipage et un officier, sur-tout dans une saison où d'un moment à l'autre on peut recevoir un coup de vent. D'ailleurs la connaissance que j'avais du peu de vigueur de ces Noirs, ce qu'ils avaient fait sur Bourbon et aux Sechelles me persuadait que leurs efforts seroient vains pour gagner au vent ; en conséquence j'arrivai, en route laissant ce malheureux, qui sans doute était déja noyé, subir son sort.

Détails nautiques.

Les marées dans la mousson de sud-ouest sont si violentes entre les archipels des Maldives et des Laquedives, qu'on est sujet à éprouver de grandes différences dans cette navigation lorsqu'on n'est pas à même de faire quelques observations de longitude. Pour prévenir des erreurs majeures et ne pas rencontrer la terre inopinément, ce qui pourrait être dangereux la nuit, il est une remarque à faire, et cette remarque est une particularité assez singulière.

Couleuvres.

Quand on a dépassé le méridien des Maldives et qu'on est entre elles et la côtes de Malabar, on rencontre sur la surface de la mer une très-grande quantité de couleuvres en vie qui se tiennent à flot sans mouvement, et roulées sur elles-mêmes, la tête haute et le regard fixe. On commence à en voir, dès qu'on est en-dedans des Maldives, ainsi que je viens de le dire;

mais elles ne commencent à être bien nombreuses qu'à huit ou dix lieues de la côte, et leur quantité augmente en approchant. On suppose qu'elles sont entraînées par les rivières de la côte de Malabar, qui sont alors gonflées par les pluies abondantes qui règnent en cette saison, et qui charrient avec elles les alluvions du pays qu'elles traversent en descendant des Gates.

Ces alluvions sont si considérables, que souvent la mer en est teinte à six ou sept lieues au large de la côte.

Terre.

Deux jours après la perte de l'homme dont j'ai parlé plus haut, je vis la terre à six heures du soir. Le tems était lourd, épais, couvert, et de tems en tems de la pluie avec un très-petit vent. Je me trouvai trop près de la côte, et je serrai le vent pour me relever. Les courans m'emportaient avec une rapidité étonnante; dans la soirée la pluie augmenta et le vent calma entièrement. La mer était houleuse, et le vaisseau roulait considérablement ; les voiles mouillées battant le mât, ne tardèrent pas à se mettre en pièces. Il fallut déverguer les huniers et rester à sec, exposé sur la côte à tout ce que le ciel voudrait ordonner. Pendant qu'on travaillait à remettre des voiles neuves en vergue, je faisais sonder constamment, et je vis avec plaisir que les marées me portaient en route avec autant de justesse que si j'avais gouverné.

Mer phosphorique.

A-peu-près vers onze heures la mer devint moins houleuse, et dans l'espace de fort peu de minutes, elle tomba tout-à-fait ; alors tout d'un coup elle parut en feu. Ce phénomène a déja été observé par quelques navigateurs qui en ont rendu compte. Je ne saurais peindre un pareil coup-d'œil, ce n'est point une lumière semblable à celle que produit le sillage du vaisseau et des poissons dans les mers phosphoriques, c'est vraiment du feu, ou du moins cela paraît tel, et s'étend sur tout l'horizon, de sorte que le vaisseau paraît voguer dans un océan embrâsé. La mer ondulait légèrement, et chaque ondulation déferlait comme dans une rivière quand le vent est contre le courant; c'était précisément dans ces endroits que la lame étincelait, chaque petit flot paraissant une gerbe de feu.

Tout le monde perdit la tête, et la frayeur gagna jusqu'aux officiers. Je leur expliquai cette merveille en leur disant qu'elle n'était pas nouvelle. Je leur répétai ce qu'en dit le capitaine Cook, et leur observai que le parage des Maldives, sur-tout, était cité par les navigateurs, pour être sujet à ce phénomène. Enfin voulant leur prouver que leurs craintes étaient ridicules et qu'ils ne couraient pas le plus petit danger, le feu qu'ils voyaient n'étant produit, dit-on, que par un petit animalcule phosphorique, je fis puiser un seau d'eau que j'ordonnai de conserver jusques au lendemain, dans l'intention de l'observer alors attentivement avec eux. La mer parut enflammée ainsi pendant une demi-heure, après quoi tout disparut. Le lendemain je demandai le seau d'eau, mais il ne se trouva plus, la curiosité avait passé avec la crainte du danger, et l'on aima mieux s'en rapporter à moi que de se donner la peine d'examiner soi-même ce qu'il en pouvait être. Je perdis, à mon grand regret, cette occasion de faire des remarques sur un objet qui excite avec raison la curiosité des savans, et sur lequel on n'a encore rien dit de tout-à-fait satisfaisant. Tout ce que j'ai pu observer, c'est que du moment que l'eau fut dans le seau, elle ne brilla plus et ne parut pas différente de ce qu'elle est ordinairement.

Je continuai ma route, cinglant sur la pointe méridionale de Ceylan. Je côtoyai cette île, et me rendis à Pon-

Arrivée à Pondichéry. dichéry où j'arrivai dix-neuf jours après mon départ de l'Ile de France. J'eus le malheur, en mouillant, de jeter mon ancre sur une carcasse, naufragée depuis si long-tems que personne ne la connaissait ; le résultat fut que je la perdis. Quand je voulus la relever, je fis casser un cable de quinze pouces, tout neuf. M. de Rozili, commandant la frégate la Méduse et la Station, m'en donna une en remplacement ; il voulut sauver la mienne, il y cassa tous ses apparaux, et se donna une augmentation de voie d'eau de deux pouces à l'heure, par l'effort qu'il fit sur l'avant de sa frégate.

État de Pondichéry. Au moment où j'arrivai à Pondichéry, cette place, jadis le boulevard des Français dans l'Inde, venait d'être évaquée par M. Conway : on lui faisait bien des reproches à cet égard. J'aime à croire qu'ils étaient peu mérités ; mais c'est le sort que doit attendre tout étranger qui commande en chef chez une nation rivale de celle chez laquelle il est né. M. Conway était irlandais ; l'évacuation de Pondichéry laissait les Anglais maîtres de l'Inde sans opposition : il n'est pas étonnant que le soupçon l'ait atteint.

La garnison ne consistait plus qu'en deux cents hommes d'infanterie européenne, une compagnie d'artillerie, dont partie Caffres, et un bataillon de noirs Cypahis. Le parc d'artillerie était évacué, et toutes les munitions envoyées à l'Ile de France. C'est peut-être ici le moment de jeter un coup-d'œil rapide sur la politique des Français dans l'Inde.

La Compagnie française vit jadis son pouvoir en Asie égaler celui de la Compagnie anglaise. Madras céda à ses armes, sous le commandement de la Bourdonnaie ; le génie de Dupleix rendit vains tous les efforts de ses ennemis sur Pondichéry ; depuis ce moment le pouvoir de la France n'a cessé d'y décroître.

Ce gouverneur habile avait bien senti que, prétendre se soutenir dans l'Inde comme puissance militaire, était une chimère, si l'on n'était puissamment soutenu dans l'intérieur, soit par des alliés, soit par une souveraineté sur des pays assez étendus pour y lever des forces respectables. Il avait été jusqu'à se faire élever à la dignité de nabab; et si son rappel en Europe n'eût arrêté le cours de ses succès, on ne peut calculer les conséquences qui en seraient résultées, tant en faveur de la France qu'au préjudice de ses ennemis. Après lui on renonça aux vastes plans qu'il avait formés, et l'on adopta celui de concentrer tout à l'Ile de France. On l'érigea en place d'armes, d'où l'on croyait pouvoir envoyer à l'occasion, dans l'Inde, les forces et les munitions nécessaires pour s'y soutenir sur le pied d'égalité.

Ce système était défectueux : l'événement le prouva. Pondichéry succomba plusieurs fois, et les secours qu'on y envoya de l'Ile de France, ou furent insuffisans, ou arrivèrent toujours trop tard. Mais en Europe, on s'obstinait à rejeter le blâme des opérations sur ceux qui en étaient chargés, sans vouloir sentir qu'en agissant sur des plans mal conçus, les résultats devaient toujours être contraires.

L'Ile de France ne put encore sauver Pondichéry dans la guerre de 1778; et malgré la vigoureuse défense de M. de Bellecombe, il fallut capituler. Lorsqu'ensuite les forces que commandait M. de Bussy arrivèrent dans l'Inde, on ne songea pas à rétablir cette place que l'on n'avait pu préserver. On s'empara de Goudelours et du fort Saint-David, où l'on s'établit, laissant l'autre ouverte et sans défense en proie au premier qui voudrait y venir.

Cette malheureuse ville était destinée à devenir une école de fortification, car les Hollandais et les Anglais n'ont jamais manqué de raser tout ce qui pouvait avoir rapport aux défenses militaires, toutes les fois qu'ils s'en sont emparés ; de sorte que cette place revenant à la France après la guerre, il a toujours fallu la rebâtir. M. de la Bourdonnaie leur avait donné l'exemple d'une plus grande modération, lorsqu'il prit le fort Saint-Georges à Madras. A Dieu ne plaise que je veuille ici faire un reproche injuste à aucune nation ; mais il est de fait que les Anglais n'ont jamais pris que pour détruire, et qu'on pourrait suivre leurs conquêtes à la trace, en comptant les ruines éparses sur les rivages de l'Inde. Ils n'ont pas même épargné la loge française à Yanaon ; une simple maison, ils l'ont abattue jusqu'à la moitié des fenêtres du rez-de-chaussée, laissant les ruines subsister et attester leur génie destructeur. C'est par une suite de ce même esprit, qu'après le dernier siége de Pondichéry, ils ont non-seulement rasé toutes les fortifications, mais même les casernes des troupes. Le gouvernement français leur donna jadis de l'ombrage, ils s'en vengent sur des pierres.

Lorsque la Compagnie française, épuisée de ses pertes, remit son privilége, l'administration royale la remplaça. Il sembla bien alors que l'on sentît la nécessité d'opposer un contre-poids à la puissance anglaise qui menaçait de devenir ce qu'elle est aujourd'hui. On chercha à négocier chez la république des Marates, la seule puissance qui pût offrir un appui solide. Mais on n'employa vis-à-vis d'elle que de petits moyens; la Compagnie s'était ruinée par ses profusions; on y substitua l'avarice, on n'osa s'engager à rien avec cette république, et l'on fut bientôt déjoué par les agens de l'Angleterre qui, prodiguant l'or, promettant beaucoup et menaçant encore davantage, en imposèrent par l'attitude d'une puissance qui devenait déja redoutable. On se rabattit encore sur l'Ile de France, et l'on résolut d'en faire le centre des forces françaises à l'est du cap de Bonne-Espérance.

Enfin, un transfuge des troupes noires (1), de la garnison de Pondichéry, ayant fait une grande fortune et posé les fondemens d'une grande puissance, on parût vouloir reprendre le projet d'une alliance dans l'intérieur de la presqu'île. L'attachement de cet homme pour la France, sa haîne irréconciliable pour les Anglais, qui ne pouvaient jamais lui pardonner son usurpation, tout assura aux Français l'appui du Mayssour. Dans la guerre de 1778, on se servit utilement de ses moyens; un bataillon français, sous les ordres de M. de Cossigny, seconda son fils Tipou-Saïb, qui se distingua dans l'espoir de s'attacher irrévocable-

(1) Hyder-Aly.

ment à la France; mais tout cela n'aboutit à rien. Hyder-Aly mourut, et son fils fut impitoyablement abandonné à la paix de 1783.

Jamais traité ne fut plus mal fait; on pouvait profiter des victoires que M. de Suffren venait de remporter, pour obtenir une augmentation de territoire, quelques places importantes, en un mot des possessions qui donnassent du revenu. La Compagnie anglaise n'était pas en état en ce moment de se refuser à des sacrifices; mais au lieu de rien demander, on remit les choses sur le pied où elles étaient avant la guerre, en prenant seulement un petit territoire aux environs de Karikal; encore eut-on la maladresse de rendre Goudelours et le fort Saint-David, et par ce moyen de mettre une forteresse ennemie entre les deux possessions françaises. La France parut n'avoir eu d'autre but que d'obtenir l'indépendance des colonies anglaises à l'Amérique ; et satisfaite de ce côté, elle négligea entièrement ses établissemens dans l'Inde. Elle n'obtint rien à la côte Malabar ; Mahé lui fut rendu avec le même territoire qu'elle y possédait avant la guerre. Au Bengale, Chandernagore et son territoire, sans plus, lui fut remis, encore fut-il stipulé qu'on y pratiquerait un fossé, seulement pour l'égoût des eaux. Il est à remarquer que cette phrase se retrouve dans le traité de paix précédent. Ainsi les ruines de la citadelle de cette ville, que les victoires de la France devaient faire relever, furent de nouveau condamnées à rester gissantes sur un terrein abandonné. Il lui fut accordé des loges pour son commerce, et l'on crut avoir fait un coup de partie, en stipulant que les Français jouiraient dans toute l'Inde, d'un commerce illimité. Ainsi renonçant à l'orgueil d'un grand état, on se soumit à jouer un rôle subalterne, sous l'empire de la fierté anglaise. On eut l'air de ne pas sentir qu'il était inutile de stipuler la jouissance d'un commerce illimité, si l'on n'avait des forces pour faire exécuter un traité que les ennemis seraient toujours dans le cas d'éluder, et d'entraver par des vexations et des longueurs.

L'événement a prouvé combien peu on devait compter sur un pareil engagement ; car un an après la paix, M. le vicomte de Souillac devenu gouverneur-général des établissemens français, a été contraint de signer un traité particulier avec les gouverneurs anglais, par lequel le commerce du sel, le plus lucratif du Bengale, fut réduit à huit cent mille *maunds*. Le maund pèse soixante-quinze livres.

Quant à Tipou, sultan, il n'en fut pas dit un mot, on l'abandonna à tout le ressentiment des anglais ; et si la Compagnie ne l'écrasa pas dans ce moment, c'est qu'elle crut devoir différer sa vengeance jusqu'au moment où l'armée française abandonnerait l'Inde, n'étant pas vraisemblable qu'on voulût entretenir de telles forces sur un aussi petit territoire. La suite a prouvé combien ces vues étaient justes.

Surpris d'une paix aussi désavantageuse, effrayé du peu de puissance que ses alliés conservaient dans l'Inde et des risques qu'il courait s'ils venaient à l'évacuer, ce prince rechercha quelque tems après l'appui de la France par une ambassade solennelle qu'il envoya à Versailles; mais il n'était plus tems. Le gouvernement français avait déjà déterminé de ne plus avoir dans l'Inde que des facteurs; l'Ile de France fut encore la place d'armes où devaient se concentrer toutes les forces, par-tout ailleurs les Français ne durent plus paraître que sur le pied de marchands: on appuya ce systême d'un raisonnement spécieux. Les Anglais, disait-on, perdent à ce marché, ils sont chargés de la défense du pays, et de tous les frais de l'administration, tandis que les Français ont un commerce sans dépenses; ils ont les charges, et nous les profits. Voilà comme on s'aveuglait : on s'obstinait à ne pas voir que ce désavantage suffisait pour faire exclure les Français d'un pays où ils n'étaient plus en forces, par une nation qui connaît ses avantages, qui sait s'en servir et qui ne sait pas faire un pas en arrière, quand elle a des succès ou la force en main. L'ambassade de Tipou n'aboutit qu'à faire demander par l'Angleterre à la France, une réponse cathégorique sur les vues qu'une pareille démarche pouvait faire naître. La France, pour se tirer d'embarras, biaisa des deux côtés, ne promit à Tipou rien de positif, et peu de tems après ordonna l'évacuation de Pondichéry. Ce fut alors que les premiers troubles de Hollande éclatèrent. La France prévoyant des hostilités entre les puissances de l'Europe, et craignant d'y prendre part, ordonna à M. Conway de s'emparer de Trinquemalay, port qui assure la supériorité dans l'Inde à la puissance qui le possède. Ce général avait bien les forces suffisantes pour une pareille expédition, la place était gardée par un régiment français au service de la Compagnie d'Hollande (la légion de Luxembourg); on était sûr de ce corps, et néanmoins telle fut ou la mauvaise volonté ou la maladresse du général, qu'il échoua entièrement, et sans avoir rien fait, revint à Pondichéry, qu'il évacua quelque tems après.

Pendant cette expédition, Pondichéry était resté ouvert et sans défense. Le chevalier de Fresne, officier plein d'activité, de talent, rempli de sentimens d'honneur, et d'attachement à la gloire de sa patrie, resta commandant de cette place. Il fit tant, qu'en très-peu de tems il couvrit la ville du côté du nord, et poussa les fortifications jusqu'à la porte de Vilnour, ce qui comprend les deux tiers de sa circonférence.

Evacuation.

Le général retournant de son infructueuse croisade, trouva, à son grand étonnement, la place en état de faire quelque défense. Certainement la circonstance n'était pas favorable pour l'abandonner; mais quels qu'aient pu être ses motifs, il prit ce moment pour exécuter ses ordres, et partit pour l'Ile de France, suivi de toutes les forces et munitions. Ce départ fit crier contre lui, d'autant plus qu'il eut la mal-adresse de faire, bien impolitiquement, un voyage à Madras, pour voir un de ses anciens amis; voyage que la malveillance ne manqua pas d'interprêter à son désavantage. Tout parut en effet conspirer à mettre la Compagnie anglaise en possession de Pondichéry. L'évacuation des forces et munitions fut si mal faite, qu'on ne laissa pas même à cette malheureuse colonie, la possibilité de se servir des légers moyens de défense qui lui restaient : elle conserva quelques canons, mais les boulets qu'on lui laissa furent d'un calibre différent. La fermeté du chevalier de Fresne triompha de tout ; il obtint un renfort de deux cents hommes d'infanterie, forma et discipline un bataillon de Cypahis, et acheva de fermer la ville.

Description de Pondichéry.

Pondichéry a toujours été mal fortifié, c'est-à-dire, défendu sur un mauvais système ; on s'est toujours attaché à mettre la ville entière à l'abri, au lieu de bâtir une forte citadelle, et de se contenter de faire un simple rideau qui mît la ville en sûreté contre une attaque de cavalerie. C'est ainsi que Madras est fortifié, et les Anglais s'en sont bien trouvés. M. de Lalli l'a vainement assiégé ; la prise de la ville ne l'avança pas d'un pouce de terrein vers la citadelle, dont il fut obligé de lever le siége.

Pondichéry est bâti sur le bord de la mer; la ville est circulaire, le rivage forme une corde dont les remparts étaient le secteur. Le rayon est très-considérable, puisque le secteur était dodécagone, ce qui donnait treize bastions et douze demi-lunes, sans compter le bord de la mer. Une pareille place exige treize mille hommes de garnison, en suivant l'échelle de proportion de M. de Vauban qui veut cinq cents hommes par pièce; et si la situation de la ville, en aidant à sa défense, donne la facilité de diminuer ce nombre de troupes, il faut observer que je ne parle point du bord de la mer, qui, s'il était fortifié, devrait être défendu contre une escadre, ce qui prendrait du monde : ainsi, compensation faite, Pondichéry pour se défendre suivant les règles de l'art contre un ennemi qui l'eût attaqué avec méthode et avec les moyens qu'on emploie en Europe, ne pouvant [illegible]endre

Fortification.

moins de douze mille hommes de garnison. Si au contraire on avait bâti un bon pentagone, ou même un fort royal, quinze cents hommes auraient suffi pour le défendre ; il eût bien moins coûté à construire, et enfin eût exigé bien moins d'artillerie et de munitions.

Pondichéry est heureusement situé, couvert au sud par la rivière Coupang, nommée en portugais Arian-Coupang ; il n'est guère attaquable régulièrement de ce côté. Vers l'ouest, la ville est couverte par une inondation qui ne permettrait pas d'y pousser les travaux d'une attaque sans des peines infinies, encore réussirait-on mal à préserver la tranchée de l'invasion de l'eau. Entre cette inondation et la rivière Arian-Coupang, sont le chemin de Vilnour, et à-peu-près trois cents toises de terrain, qui admettraient une attaque : mais le vrai point par lequel on peut prendre Pondichéry, c'est le nord.

Le terrein s'y prête à tous les ouvrages; l'attaque vers la porte de Vilnour ne sera jamais que fausse pour détourner l'attention, la véritable se fera toujours vers le nord : c'est cette partie qu'il faut mettre principalement en sûreté; et si l'on persistait à suivre le même système de défense que l'on a constamment adopté, si l'on continuait à vouloir fortifier la ville toute entière comme par le passé ; je crois pouvoir indiquer la méthode de Cormontaigne, comme la seule qui pût mettre efficacement ce front à couvert. M. de Fresne, dénué des moyens de construire des défenses valables, sans outils, sans pierres, sans briques, sans bois pour en cuire, et sans argent, se borna à ébouler les terres, et à les élever sur la première méthode de Vauban, sans tenailles; mais avec une demi-lune devant chaque courtine; et comme les terres ont beaucoup de poussée dans ce pays, il donna à ses remparts un très-grand talus, au pied duquel il ménagea une grande berme pour recevoir l'éboulement et en préserver le fossé. Les ennemis étant parvenus à le saigner dans le siége que soutint M. de Bellecombe, on songea à parer à cet inconvénient. Pour cet effet, on le creusa suffisamment pour atteindre un niveau au-dessous de celui de la rivière Arian-Coupang et de l'inondation, moyen en quoi on fut sans inquiétude de ce côté. Mais quoiqu'il fût large et profond, les terres qu'on en retira furent insuffisantes pour construire les remparts comme on l'eût desiré. Les bastions ne restèrent pas pleins ; il en résulta qu'ils furent moins spacieux, et qu'on se retira la ressource de s'y retrancher.

Au moment où j'arrivai dans cette ville, on achevait la partie du sud, mais on ne put faire ni chemin couvert, ni glacis passable ; on n'avait point de palissades, on en avait coupé et acheté à Trinquemalay, mais elles ne furent point apportées ; et si j'en excepte la place d'armes de la demi-lune qui couvrait la porte de Vilnour, et quelques angles rentrans sur le front du nord ; il n'y avait pas une seule palissade dans tout le tour de la ville. Deux portes étaient encore ouvertes sans avoir même une barrière, et les chaussées qui traversaient le fossé vis-à-vis de ces deux portes, étaient massives, sans pont-levis, sans rien qui pût les défendre. Le bord de la mer était ouvert et ne pouvait opposer à une insulte qu'une petite batterie à Barbette, qui servait pour les saluts, excepté cependant un front vers le nord, dans lequel on avait ménagé une porte couverte d'une mauvaise demi-lune. C'est en cet état que les Anglais l'ont attaquée la dernière fois, et il est bien étonnant qu'elle ait pu soutenir treize jours de tranchée ouverte. Rien n'était revêtu, on pouvait venir d'emblée à l'assaut du cotéblant le fossé de fascines ; mais en avançant méthodiquement, on aurait pu dès le premier jour pousser la sape jusques sur le glacis. Les terres de ce pays sont trop légères pour y pratiquer des mines sans maçonnerie, elles ne réussiraient pas en bois ; on n'avait pas eu le tems d'en construire ; il n'y en avait pas, les Anglais le savaient bien, il est incroyable qu'ils aient pris autant de précautions pour faire leurs approches, encore ont-ils fait deux attaques. Les Français enleveraient aujourd'hui dans douze heures une place pareille.

Etat des Français dans l'Inde.

Le roi ayant ordonné d'abandonner Pondichéry, cette ville eût dû se trouver convertie en une factorerie ; le génie d'un seul homme lui conserva le maintien d'une place militaire. A ce moment l'état des Français dans l'Inde était bien précaire. Pondichéry était leur chef-lieu, et son gouvernement s'étendait sur son territoire et sur celui de Karikal, indépendamment des autres établissemens dont nous allons rendre compte.

Les deux possessions de Pondichéry et Karikal pouvaient donner, réunies, un lac et demi de roupies de revenu ; somme bien mince. La roupie vaut cinquante sous à-peu-près. Le lac vaut cent mille ; ainsi un lac et demi fait à-peu-près trois cent soixante-quinze mille livres de notre monnaie. Ce revenu était censé devoir suffire pour fournir aux dépenses non-seulement de ces deux établissemens, mais encore de ceux des autres qui pourraient avoir des besoins.

Vers le nord on entretenait un agent et une loge à Mazulipatnam. L'objet de cette résidence était de faciliter le commerce des mouchoirs. Ils sont assez connus, ainsi je ne m'étendrai pas sur cet article : voilà pour la côte Coromandel.

Karikal fournissait du riz et quelques marchandises, comme percales,

Manufactures de Pondichéry.

chittes, etc. Pondichéry fournissait du sel pour le Bengale, et faisait un assez grand commerce en teinture bleue : c'était là que se teignaient en bleu, les toiles blanches qu'on envoyait du nord, et qui prenaient alors le nom de guinée. De plus on y pouvait faire peindre toute espèce de chittes et mouchoirs à vignette, sur toute espèce de toiles. On y fabriquait aussi ce qu'on appelle Cambaye ou toiles blanches et bleues de différens dessins, comme chasselas, bajutapaux, neganepaux, tapsels, fotes, corots, mouchoirs, brauls, cosselis, coupis, et autres marchandises propres à la traite des Noirs, beaucoup de toiles blanches connues sous le nom de percales et des platilles. Quant aux bazins, on les retirait de Goudelours. Ces objets réunis pouvaient, année commune, s'élever à douze ou quinze cent mille francs, ce qui renfermait le commerce dans des bornes assez circonscrites.

Sur la côte de Golconde, la France possédait sur la rivière de Godavarin, une grande *aldée* nommée Yanaon; elle y entretenait un chef, des bureaux et un état de police. Cette aldée était fort peuplée, c'était là principalement le chef-lieu de son négoce. On y comptait six maisons de commerce très-riches, sans compter le résident qui était presque toujours un officier civil ou militaire. Là se contractaient les marchés pour la fabrication des toiles blanches que l'on faisait dans le voisinage : on les apportait écrues à Yanaon, où elles étaient blanchies, emballées et chargées sur la petite rivière de Coringui, d'où elles se rendaient dans la baie de Coringui où les vaisseaux les recevaient.

Toiles de conjons.

On retirait de cette aldée les toiles nommées à quatre fils, blanches et écrues, et les toiles de conjons. On appelle conjon un assemblage de cent vingt fils : or la largeur de la toile se variant jamais, il est clair que plus il y a de fois cent vingt fils dans la laize, plus la toile est fine. On commence à compter à quatorze conjons; la toile de vingt-six est déja belle, à trente elle fait de très-belles chemises; elle est magnifique à trente-six, à cinquante elle est au *nec plus ultrà*, au-delà de quoi on ne compte plus par conjons. La toile s'appelle alors bâtarde, il y en a d'une finesse admirable.

La toile de vingt-six conjons est la plus marchande : elle vaut, marché commun, treize roupies la pièce, et la toile bâtarde ordinaire doit valoir dix pagodes.

Monnaies. Pour l'intelligence de ces monnaies indiennes, il faut savoir que cent pagodes à l'étoile se changent, cours ordinaire, pour trois cent cinquante-quatre, à trois cent soixante roupies de Pondichéry; la pagode est couramment évaluée neuf francs, la pagode à trois figures vaut deux pour cent de plus, et la pagode de Porte-Nove, la plus mauvaise de toutes, est quelquefois réduite à trois cents.

La roupie de Pondichéry n'est pas la plus chère, mais elle est la meilleure en ce qu'elle est invariable ; la France a le droit de battre monnaie depuis que M. Dupleix a été revêtu du diplôme de nabab. La monnaie était royale, et le titre en était fixé par les ordonnances du roi : elle s'échangeait sur le pied de deux cent treize et demi, pour cent piastres d'Espagne. On la reconnaît à un croissant qui se remarque au-dessus d'une légende maure sur une des faces. La roupie sicca est la plus haute, elle se reconnaît à un palmier sur une des faces ; elle vaut ordinairement deux cent, pour cent piastres. La roupie arcatte est marchandise et varie suivant les demandes.

Yanaon était vraiment le lieu où la France faisait le plus de commerce. Commerce.

Tous les vaisseaux y envoyaient leurs fonds, et l'activité des affaires y réunissait une très-grande affluence : c'était la plus grande aldée du nord. Les sommes qui s'y absorbaient en toiles pouvaient, année commune, s'élever, tant pour les commissions françaises qu'anglaises, à vingt lacs de roupies, ce qui fait à-peu-près cinq millions de notre monnaie : voilà à quoi se réduisait le commerce de la baie du Bengale.

Mahé. Le gouvernement de Pondichéry s'étendait encore sur la petite ville de Mahé, située sur la côte de Malabar. Cette ville jadis forte, peuplée, commerçante, et le chef-lieu des Français sur cette côte, est réduite aujourd'hui à rien ; elle a subi le même sort que toutes les conquêtes anglaises, c'est-à-dire, qu'elle a vu raser ses murailles ; la France n'a jamais songé à les rebâtir, et d'après cela n'y a jamais entretenu depuis aucunes forces ; elle est restée dans un état d'inertie, augmenté encore par le voisinage du fort de Talichery, d'où les Anglais la menacent sans cesse, et par le moyen duquel ils en sont toujours comme maîtres.

Le commerce de Mahé consiste en poivre et en noix d'Arek; on en retire aussi de ces terres légères qui servent à filtrer l'eau, et que les naturels ont l'art de faire si minces et si parfaitement broyées, que quelques personnes, des femmes sur-tout, habituées à ce régal, ne craignent pas d'en manger. Cette terre est très-spongieuse, et s'abreuve aisément sans cependant perdre de sa fermeté, et il arrive souvent qu'après avoir servi des confitures sur des assiettes de cette terre, elles en restent imbibées, et les dames alors les mangent.

La noix d'Arek est d'un grand usage dans toute l'Inde; elle ressemble à la noix de la muscade, tant pour la grosseur que pour la contexture et pour la forme, sans en avoir ni le goût, ni le parfum. L'intérieur en est d'un rouge vif, elle sert à donner à la bouche un goût agréable, les Indiens en général en font une grande consommation.

Etat des Français au Bengale.

La ville de Chandernagore et les loges du Bengale, telles que celles de Balassor, de Patna, de Dacca et de Chatigam, sont encore de la dépendance de Pondichéry. Ainsi donc cette ville et celle de Chandernagore, la bourgade de Mahé et celle de Karikal, l'aldée ou le village de Yanaon, les maisons de Mazulipatnam, de Balassor, de Patna, de Dacca et de Chatigam, avec un revenu d'à-peu-près 420,000 livres, dont 375,000 en fonds de terre, constituaient toute la puissance française sur les deux côtes de l'Inde et dans le Bengale.

Voilà l'état où cette nation, qui disputa jadis de splendeur à l'Angleterre en Asie, était tombée; tandis que sa rivale voyait flotter son pavillon sur trois forteresses capitales, qui lui assuraient la paisible possession des provinces qu'elle avait acquises, et sur lesquelles elle entretenait, en 1791, une force de soixante-quinze mille hommes, tant Noirs qu'Européens. Après avoir donné ce tableau résumé de l'état des Français dans l'Inde avant la guerre actuelle, je vais jeter quelques détails sur leurs établissemens de la côte avant de parler du Bengale.

Quoique Trinquemalay n'appartienne pas à la France, quoique cette ville soit sur la côte de Ceylan et non sur celle de l'Inde ; cependant comme elle est située dans la baie de Bengale, que le pavillon français y a flotté quelque tems, qu'elle est devenue fameuse par les efforts des amiraux Suffren et Hugues, et qu'elle est d'ailleurs d'une importance extrême en tems de guerre, vu que la supériorité

Trinquemalay.

dans l'Inde est attachée à sa possession, je vais commencer par elle.

Trinquemalay ou Trinkenomalay appartient aux Hollandais, ou du moins leur appartenait avant la guerre présente; cette nation, par un traité avec le roi de Candi, était en possession de toutes les côtes de Ceylan.

Cette place alternativement prise et reprise pendant la guerre de 1778, resta aux Français, qui la remirent fidèlement à la Compagnie d'Hollande après la paix de 1783.

Sa réputation est vraiment au-dessus de sa valeur réelle. Le fort de Trinquemalay, proprement dit, consiste en un front de fortification sur la méthode de Marolois; il est situé au pied d'une montagne qui l'adosse, et ce n'est à la rigueur qu'un ouvrage à corne dont les deux branches viennent aboutir à cette montagne inabordable. Ainsi, Trinquemalay ne peut être attaqué que sur un front.

Les deux branches de cet ouvrage à corne sont défendues par la mer ; ou pour mieux me faire entendre, la montagne de Trinquemalay est une grosse presqu'île séparée de la terre par un isthme de deux cent toises de largeur tout au plus. Cet isthme est barré d'un front de fortification ; et voilà absolument la place qui a fait tant de bruit. Derrière ce front, au pied de la montagne, est la soi-disant ville consistant en trois petites rangées de maisons, qui forment deux rues. Au pied de la montagne se trouve un puits de fort bonne eau, la seule qui soit vraiment potable dans le pays. Ainsi, par la situation de ce fort, il suffit de débarquer un corps de troupes plus fort que la garnison, et de se présenter devant la place pour la bloquer et l'affamer. Son seul avantage est d'être bâtie sur roc, de sorte que la sape ne peut l'approcher, et s'arrête à-peu-près à cinquante toises du pied du rempart. Au surplus, quand M. de Suffren l'a prise, il n'y avait aucun ouvrage avancé; il y avait bien un mauvais tas de terre informe qui ne cachait pas par-tout le pied de la muraille; de sorte que les pièces de siège, une fois en batterie, pouvaient y ajuster, sans se donner la peine de faire aucunes approches. L'ennemi n'attendit pas si long-tems, et se rendit de fort bonne heure.

Le major hollandais Von-baur a depuis remédié à cet inconvénient. Cet intelligent officier a rapporté des terres étrangères avec une patience infinie; il a, par ce moyen, formé une contrescarpe et un bon fossé. Il a élevé un petit ravelin, bien petit à la vérité, parce que la ligne de défense est extrêmement courte. Tout cela est entouré d'un bon chemin couvert bien palissadé, et d'un glacis, au moyen de quoi la défense serait meilleure contre une attaque de vive force. Il ne reste contre la place que le vice de sa situation.

Trinquemalay offre un de ces traits frappans qui caractérisent le génie d'une nation. Dans les mains d'un gouvernement énergique et animé de grandes vues, cette place serait devenue une forteresse inexpugnable. Elle eût assuré à ses maîtres la possession de toute la côte de Coromandel, où l'on se rend en vingt-quatre heures de navigation; elle leur eût servi de point d'appui, et contre les puissances de l'Inde, et contre celles d'Europe; elle eût été l'arsenal d'où l'on eût tiré tous les moyens d'attaque et de défense dans la presqu'île; ses baies, son port, eussent formé un département de marine redoutable; enfin Trinquemalay, dans la possession d'une nation entreprenante, pouvait devenir la capitale de l'Inde. Calcuta, qui l'est devenue, est dans une situation bien moins heureuse pour la guerre,

Au lieu de sentir ces avantages, les Hollandais se sont contentés d'en faire un petit poste à l'abri seulement d'un léger coup de main. La nature leur offrait les moyens d'en faire un second Gibraltar ; il fallait bâtir une grande citadelle sur la montagne même, elle eût été inaccessible. Cette montagne est escarpée sur toutes les faces ; elle est dans la forme d'une tortue, et pouvait admettre une ville d'une grande étendue. L'eau y eût abondé en creusant des puits dans le roc ; elle eût pu contenir des magasins suffisans pour l'approvisionner pendant un an et au-delà ; elle eût été si élevée, qu'elle eût été à l'abri du ricochet et de l'enfilade ; enfin, elle eût si efficacement protégé l'arrière-baie, qu'elle eût foudroyé l'escadre qui eût eu la témérité d'y mouiller. Au lieu d'un plan pareil, les premiers qui s'établirent en cet endroit, frappés de la facilité de barrer l'isthme dont j'ai parlé, et de se retrancher au pied de la montagne contre les naturels du pays, crurent ne pouvoir mieux faire que d'élever promptement un front de fortification ; encore choisirent-ils une méthode défectueuse, mais qui était de mode alors, et d'ailleurs suffisante contre les Noirs de Candy. Cet ouvrage fait en pierres, et bien solidement maçonné, dut coûter beaucoup ; et lorsqu'ensuite les Européens rivalisèrent dans les mers de l'Inde, et voulurent se déposséder mutuellement, la Compagnie hollandaise, conduite par de petites vues mercantilles, eut l'avarice de n'y vouloir pas renoncer. Pour changer le système de défense et s'établir sur la montagne, il fallait perdre les dépenses déja faites ; tout fut sacrifié à d'aussi petites vues. On continua d'améliorer, autant qu'on le pouvait, la situation actuelle, et l'on fut bien loin de songer à former un établissement dispendieux, pendant que celui-ci, non-seulement était tout fait, mais encore ne demandait que de très-petits moyens pour le défendre et l'entretenir, puisqu'il n'y a qu'un front. Pareille économie était tout gain pour des gens qui, ne portant pas leurs vues au-delà du mécanisme du commerce, n'en voyaient que les détails et non les grands résultats. Ainsi, malgré tout ce qu'avait fait la nature pour le rendre célèbre, le port de Trinquemalay fut condamné à languir, méconnu par ses maîtres.

Quand on considère l'île de Ceylan, et qu'on réfléchit à la situation des établissemens hollandais sur cette île, on ne saurait deviner la raison pour laquelle ils se sont fixés principalement à Colombo, et pourquoi ils ont fait de ce méchant port la capitale de l'île, au lieu de l'établir à Trinquemalay. Serait-il possible qu'ils eussent été déterminés par le voisinage de la pêche des perles au golfe de Manar; cette pêcherie est aujourd'hui si réduite, qu'ils ont pu juger combien de pareilles vues auraient été défectueuses. S'ils ont été décidés par la culture du sucre aux environs de cette ville, ils pouvaient également se procurer cet avantage à Trinquemalay. Comment ont-ils pu négliger de fixer le centre de leur puissance dans ce port, d'où ils auraient pu préserver leurs colonies de Palliacate et de Sadras, surtout celle de Negapatnam, qu'ils ont vu passer aux mains de leurs ennemis? S'ils ont conservé les deux premières, c'est que ces possessions sont devenues sans conséquence dans l'état où elles sont tombées. Palliacate, trop voisin de Madras, y a vu passer son commerce, même ses belles manufactures de mouchoirs; et Sadras n'est plus qu'une aldée qui languit derrière un fort culbuté, dont les remparts disloqués par les mines laissent encore voir leur masse. Quant aux maisons de l'intérieur, découvertes et dégarnies, elles ressemblent aux vestiges d'un grand incendie, spectacle ordinaire dans toutes les conquêtes anglaises, et auquel doit s'accoutumer le voyageur qui les visite.

Le fort de Trinquemalay n'étant pas assez grand pour contenir tous ceux qui pourraient venir s'y fixer si l'établissement avait prospéré, et ne suffisant qu'à peine à loger la garnison, on a désigné un terrein pour y bâtir une ville en-dehors, sur la plaine qui sépare l'arrière-baie du port. Mais, si l'on excepte une grande allée d'arbres qui sert au bazar des Noirs, la ville est restée imaginaire, et n'a point encore été bâtie; car je ne peux nommer ville quelques jardins où l'on cultive du tabac, et tout au plus trois maisons avec une trentaine de huttes; effet tout naturel du monopole de la Compagnie hollandaise, qui, non-seulement se refusait à tout encouragement envers le commerce, mais même ne permettait pas aux hommes industrieux de se fixer dans ses établissemens.

Les Français avaient commencé, à la fin de la guerre de 1778, à faire refluer un peu de commerce à Trinquemalay. La canelle s'y trouvait assez facilement. Aujourd'hui ce port n'offre aucun marché, et lorsque j'y ai retourné de relâche sur le vaisseau *les Amis réunis*, que je commandais en 1792, je n'ai pu m'y procurer aucuns rafraîchissemens, quoique j'eusse plusieurs objets que le commandant et autres desiraient acquérir, quoique l'administration fût dans le plus grand besoin d'opium pour l'usage des Malais qui résident en cet endroit (1). Il Malais.

(1) Les naturels de la presqu'île de Malac sont dans l'usage de manger une grande quantité d'opium dont ils sont très-friands : l'effet qu'ils

me fut impossible de faire aucune affaire, parce que le pays n'offrait aucun objet d'échange, si ce n'est d'assez mauvais tabac cultivé sur les lieux. On

---

en éprouvent est une ivresse furieuse. Le Malais qui en a pris une trop forte dose, tombe dans un accès de rage que la mort seule peut réprimer : aussi le Gouvernement entretient-il à Malac des hommes soldés, dont l'emploi est de patrouiller les jours de fête, et qui d'ailleurs se tiennent toujours à portée d'être avertis quand un homme ivre d'opium se fait apercevoir dans les rues ; ils le tuent sans pitié dès qu'ils peuvent l'atteindre. Sans cette précaution, ces enragés commettraient les excès les plus cruels, et quoiqu'on soit très-alerte à leur donner la chasse, on ne peut pas toujours prévenir les accidens. Ils sont communément armés d'un poignard qu'ils nomment kriss ou krick, dont la lame large d'un demi-pouce et longue d'à-peu-près huit, est faite en serpentant, et laisse une blessure au moins de deux pouces de largeur, presqu'impossible à souder, par rapport aux sinuosités que l'instrument occasionne au fond de la plaie. Cette arme est d'autant plus terrible, qu'il l'emn'y connaissait pas l'argent, et l'on m'offrit en paiement du papier de la Compagnie, qu'il ne me fut pas possible d'accepter.

---

poisonnent. La lame en est toujours recouverte d'une graisse dans laquelle on suppose qu'ils ont fait bouillir du bois verd de *mancenilier*. Les atteintes de ce poison sont sûres, jamais on n'en échappe, il faut mourir quand on en est blessé. Ils portent ce krist dans une gaîne de bois, dans laquelle la lame est à l'aise, pour éviter toute friction et préserver le poison dont elle est enduite. Le tems qui détruit tout semble au contraire le conserver; aussi même est-il certain que plus il vieillit, plus il est actif.

On peut se faire une idée de la rage et de la fureur que cet opium leur inspire, quand on les voit dans leurs combats sur leurs bateaux pirates, recevoir un coup de lance au travers du corps, et ne pouvant l'arracher, la saisir et l'enfoncer dans leur corps pour arriver à leur ennemi, et le poignarder d'un coup de leur krist. Férocité qui force les vaisseaux qui craignent de les rencontrer, et qui s'arment pour les combattre, à se pourvoir de lances dont la hampe est traversée d'une garde dans le milieu de sa longueur,

Cependant, malgré cet état de pénurie, l'établissement avait à ce moment un air de vigueur. Le roi de Candy ayant refusé de remplir son traité pour la canelle, ayant fait même détruire, par mécontentement, une grande quantité de canelliers qui étaient trop près des établissemens hollandais, la Compagnie avait résolu de marcher contre lui; en conséquence le gouverneur général de l'île avait fait passer de Colombo des troupes à Trinquemalay. Les forces étaient alors d'à-peu-près mille hommes de troupes blanches, ce qui répandait un grand air de vie et d'activité dans la place; mais,

---

au moyen de quoi on les contient et on les laisse expirer au bout de la lance, sans oser la retirer tant que ces furieux respirent.

Les Hollandais en ont fait d'assez bons soldats, qu'ils arment de fusils, et qui leur tiennent lieu de cipahis : ils en ont sur presque tous leurs établissemens, et il est rare qu'il n'y en ait pas quelques compagnies à Trinquemalay.

quant à la rade, mon vaisseau était le seul qui s'y fût mouillé.

Indépendamment du fort de Trinquemalay, les Hollandais en ont bâti un autre pour défendre le port. Pour le coup, celui-ci est sur une montagne, et si l'on eût pris pour le premier la moitié de la peine qu'on a prise en pure perte pour le second, on eût réussi à en faire une place de résistance. Ce fort se nomme Ostembourg, nom qu'il prend ou qu'il donne à la montagne sur laquelle il est bâti ; c'est tout bonnement un ovale sans angles, sans rien qui puisse flanquer d'aucune manière. Cette batterie est destinée à couvrir le port ; et en effet, la situation en est bien choisie pour cet effet, et si ce fort était bien entendu, il serait d'un très-grand service, quoique par son élévation il ne puisse tirer qu'en plongeant, et que le ricochet lui soit interdit, ainsi que les coups rasants, ce qui lui en fait perdre beaucoup.

Mais, par une inconséquence bien étrange dans une nation connue pour être réfléchie, la seule montagne qui ne fut pas abordable, est celle sur laquelle on a négligé de bâtir, et l'on a construit à grands frais un fort défectueux, sur une montagne que l'on peut gravir et sur laquelle on pent monter de l'artillerie hors de portée de la place. On n'a pas même élagué les bois à l'abri desquels on peut venir jusqu'à dix toises du rempart. L'ingénieur (je demande sincèrement pardon de le nommer ainsi), qui fortifia Ostembourg, parut cependant sentir qu'on pourrait l'attaquer du côté de la montagne; car au lieu de terminer son fort circulairement de ce côté, comme par-tout ailleurs, il le forma d'une ligne droite qui barre la montagne dans sa largeur. Avec de l'intelligence il eût tiré grand parti de la situation; il fallait découvrir la montagne jusqu'à portée de canon, et faire de cet abattis une grande esplanade, y pratiquer et palissader des retranchemens, et finir par opposer à l'attaque un front régulier. Il avait l'avantage de ne pouvoir jamais être tourné, et de défiler les faces de ses bastions, qui n'eussent jamais pu être battues que de front. Mais on ne songea même pas qu'il pût être imaginable d'attaquer cette place par terre, on se borna à en faire une batterie pour la rade. Cependant M. de Suffren prouva que l'attaque par la montagne était praticable, puisque ce fut par là qu'il la prit.

Quelque défectueux que soit ce fort, il n'en a pas moins coûté beaucoup d'argent; on y a fait beaucoup d'ouvrages inutiles, entr'autres, une citerne énorme, tandis qu'avec la huitième partie de ce qu'elle a coûté, on pouvait escarper un puits dans la montagne, qui n'est que de moëllon assez tendre. On eût rencontré de l'eau à une petite profondeur, puisqu'on en trouve en quelques endroits à moitié côte.

La montagne d'Ostembourg est une de ces grosses masses calcaires qui s'élevent dans ce canton, et entre lesquelles l'Océan a laissé des passages et des interstices qui forment aujourd'hui des baies et un port magnifiques. Elle est d'une forme oblongue, escarpée à une extrêmité; et à l'autre, d'une pente adoucie vers la plaine : elle se trouve projetée dans le grand bassin qui forme le port et le coupe en deux parties; d'un côté, la baie de Nichelson, et de l'autre la rade d'Ostembourg.

Le passage pour entrer dans le port est à son extrémité escarpée, au pied de laquelle on a bâti sur le bord de l'eau une batterie rasante qui serait d'un grand effet si on pouvait la mettre à l'abri des éclats que les boulets ennemis enleveraient de la montagne. Au reste, cette pièce, le fort d'Ostembourg, celui de Trinquemalay sont tous sans communication, sans postes intermdiaires, ne peuvent se soutenir mutuellement, et n'ont aucuns débouchés dans l'intérieur du pays pour leur subsistance, dès que l'ennemi est débarqué. Ils restent alors isolés, et se défendent chacun de leur côté comme ils peuvent. Le port de Trinquemalay est sans contredit superbe ; mais à le juger sur ce qui en a été dit jusqu'à ce jour, il semblerait qu'il ne laisse rien à desirer ; il est sujet cependant à quelques inconveniens qu'il est à-propos de faire connaître.

La grande baie est immense, et n'est pas praticable ; elle est sans fond, on y louvoie pour entrer dans le port ; mais cette manœuvre n'est pas sans danger, parce qu'elle est semée d'écueils dont quelques-uns sont recouverts de huit ou dix pieds d'eau, ce qui force les vaisseaux à prendre un pilote. Pour cet effet on mouille d'abord en pleine côte, dans ce qu'on appelle l'arrière-baie, sous le fort de

Trinquemalay. La tenue y est bonne, et le fond sain; de toutes les anses et baies de l'établissement, celle-ci serait la meilleure si on y était à l'abri dans la mauvaise saison, c'est-à-dire, pendant la mousson du nord-est; mais alors elle n'est pas tenable, il faut entrer dans le port.

Pendant la mousson du sud-ouest, c'est la seule qu'on fréquente, parce que dans deux bords on gagne un mouillage, et que lorsqu'on veut partir, on met à la mer dans un instant sans difficulté. Cependant, comme cette petite anse n'est point à l'abri, il y règne une grosse houlle qui fait rouler les vaisseaux, et ne permet pas d'y faire aucune opération de carène.

Le fond de la grande baie offre un mouillage près de la rivière Cotiar, mais l'inconvénient de cette baie est que souvent dans la mousson du sud-ouest, on louvoie toute la journée sans pouvoir parvenir jusques-là. Alors, comme il n'y a point de mouillage ailleurs, il faut revenir dans l'arrière-baie et recommencer cette manœuvre le lendemain. Pareille difficulté existe pour sortir dans la mousson de nord-est; et cet inconvénient est d'autant plus à craindre alors, qu'après avoir passé une belle journée à louvoyer pour sortir, la nuit peut amener une tempête qui mette en danger de périr sur la côte dont on n'aurait pas eu le tems de s'éloigner.

Quand on est parvenu à s'élever jusqu'au fond de la baie, alors on revire pour le port, et l'on vient ranger la pointe d'Ostémikounge. Cette montagne est si roide, qu'un canot échoué du devant, a son gouvernail sur quatorze brasses d'eau; il y a trente-trois brasses à un demi-câble de la côte.

On nomme ce bassin fort improprement le port; c'est plutôt une vaste baie dans laquelle on affourche, et où la mer est houleuse, quoiqu'entourée de terre de tous côtés ; mais elle est si grande, que le côté de dessous le vent y est toujours très-agité. Le milieu est rempli d'un grand pâté de terre glaise, dans lequel les ancres s'enfouissent de manière à ne pouvoir plus les retirer. Plus loin vers le fond du port, il y a un écueil assez étendu, mais cette baie est si grande, et si peu fréquentée, qu'il y a de la place de reste pour les vaisseaux qui veulent y entrer. L'inconvénient de ne le pouvoir faire sans louvoyer, ne laisse pas d'être très-gênant pour un vaisseau qui peut avoir des besoins. S'il a une voie d'eau, faible d'équipage, arrivant épuisé de fatigue, c'est un très-grand surcroît d'être obligé de passer un jour de plus à louvoyer pour se rendre au lieu de sa destination ; et s'il est avarié dans sa mâture, si son voyage lui devient impossible, il est contraint de mouiller par une très-grande profondeur dans l'arrière-baie, jusqu'à ce qu'il ait reçu des secours, à l'aide desquels il puisse entrer dans le port; ce qui retarde d'autant ses opérations.

Le même désavantage a lieu pour un vaisseau de guerre après un combat. S'il est totalement démâté, il lui est impossible d'entrer sous des voiles de fortune : si à cela se joignent des besoins au corps du vaisseau, il ne peut recevoir aucun secours; car l'arrière-baie, la seule où il puisse mouiller, ne lui permettrait pas de s'y réparer. A ces inconvéniens joignez celui de la grandeur du port. Dans la mousson de sud-ouest on carène sur la grande île, mais s'il vient une brise du large ou un grain du nord-est, il faut dévirer à l'instant, car la mer devient sur-le-champ houlleuse et compromettrait le vaisseau. Dans l'autre mousson on carène dans la baie de Nichelsen, mais l'abri n'y est pas meilleur : on peut aussi mouiller dans l'anse des cocos, le même inconvénient y subsiste. D'ailleurs, ces divers endroits sont éloignés les uns des autres de plus d'une lieue, et tous distans de deux, du fort de Trinquemalay. On sent combien il serait difficile, ou du moins dispendieux, de former des établissemens dans chacun, attendu qu'ils ne peuvent mutuellement s'aider. On a bien bâti quelques mauvais magasins au pied de la montagne d'Ostembourg, et en supposant qu'on y formât un établissement suffisant pour les opérations d'un grand port, la difficulté serait d'y trouver une place propre à construire, et à lancer les vaisseaux. Au reste, le principal désavantage de ce port est celui de l'eau, il n'y en a point de bonne, si l'on excepte une petite source au pied de la montagne d'Ostembourg, du côté de la baie de Nichelson. Les autres sont trop peu abondantes; les naturels les épuisent, et pendant la guerre de 1778, nous avons été forcés d'en envoyer chercher à près de trois lieues à la rivière Cotiar, celle de tous les puits qui sont aux environs de Trinquemalay étant saumâtre et malfaisante ; malgré tout cela ce port est d'un avantage inestimable, car il n'y en a point d'autre dans l'Inde, et sa possession est de la plus haute importance.

Les environs de Trinquemalay sont incultes : on y trouve une fontaine d'eaux chaudes éloignées d'environ cinq lieues du fort ; elles jaillissent par deux endroits : une des sources est assez chaude pour ne la pouvoir supporter ; l'autre est d'une chaleur modérée, et à vingt pieds de là jaillit une source d'eau froide.

Les forêts dont ce pays est couvert sont voisines de la ville, et il serait imprudent d'y pénétrer sans armes ; elles abondent en buffles, en éléphans et en tygres, que M. de Buffon nomme *once* ; on y rencontre beaucoup de singes. La rivière Cotiar est voisine d'un lac où les éléphans sauvages viennent se baigner fréquemment ; nos matelots ont souvent été aux prises avec eux.

Le côté méridional de la grande baie est terminé par la pointe Sale ; elle abonde en paons et en cailles, mais on y chasse peu, par rapport aux bêtes féroces qu'on est sujet à y rencontrer. M. Sonnerat y a trouvé ce qu'il appelle le coq primitif, et que M. de Buffon soutient être le faisan doré. J'ai vu un de ces coqs primitifs vivant, au jardin de M. Casenove à Pondichéry. M. Sonnerat m'en a fait voir un autre empaillé, c'est un superbe animal dont toutes les plumes sont marquées d'une larme d'or ; il en a donné la description à laquelle on peut se référer, elle est exacte.

On trouve des huîtres sur un petit rocher nommé la Chapelle, c'est le seul endroit où l'on en puisse voir. Le bétail est si rare à Trinquemalay, qu'un morceau de bœuf est un plat d'un grand prix. Pendant que les Français en ont été les maîtres, ils y avaient introduit des espèces de cabris nommés chiens marons, qui faisaient le fonds de la cuisine alors. Ces troupeaux se sont insensiblement épuisés, et lorsque j'y ai retourné, je n'ai pu y trouver que du poisson et du fromage. Le commandant m'ayant fait l'honneur de m'inviter à dîner, ne servit pas autre chose, et ne put offrir aux convives que de l'arack et de l'eau pour boisson; c'est ce qu'on nomme grog. A dessert on servit par friandise un flacon d'eau-de-vie et un de genièvre, accompagnés des mêmes démonstrations avec lesquelles on offre à Paris un verre d'Hermitage ou de Tockay. En un mot, telle était la misère de ce pays, qu'une chandelle était un luxe, on n'y brûlait que de l'huile de coco.

Ceylan pourrait en quelque sorte être considéré comme la patrie des cocotiers; l'île en est presque couverte; elle produit en outre de très-beau riz. Les Hollandais cultivent du sucre vers le midi de l'île, aux environs de la Pointe-de-Galles et de Colombo. Ces trois objets réunis produisent un commerce considérable; ils servent à fabriquer de l'arack dont on exporte une assez grande quantité par toute l'Inde, ainsi que de la bourre de coco dont on fait les cables pour les vaisseaux.

Les mœurs de ce canton étant les mêmes, à peu de chose près que celles de la côte de l'Inde, je me hâte de le quitter, et de passer à Pondichéry, en jetant de loin un coup-d'œil sur la bourgade de Karikal.

Karikal.

Cette possession est une assez mince aldée au midi de l'établissement danois de Trinkebar. Le gouvernement français y entretient un commandant militaire avec un détachement de troupes de couleur : on en retire principalement du nely; on nomme ainsi le riz, lorsqu'il est seulement battu, et qu'il n'est pas encore dégagé de son enveloppe. Ce nely sert à la consommation de Pondichéry. Cet établissement a cela de commun avec toute la côte c'est qu'on y fait du sel, que les Français portent ensuite au Bengale. Le gouvernement de Pondichéry donne tous les ans des bons, ou permissions de porter du sel dans cette province, jusqu'à concurrence de huit cent mille maunds, c'est-à-dire, soixante millions pesant : on est forcé de le livrer à la Compagnie anglaise qui s'est engagée à le prendre à un prix convenu, et qui paye comptant; mais tout ce qui n'est pas muni d'une pareille permission est confisqué, et tout ce qui se présente avec de tels permis au-delà de huit cent mille maunds stipulés par le contrat, est de même saisi. Tous ceux au surplus qui tenteraient d'introduire du sel au Bengale et de le vendre aux naturels, seraient punis

Nely.

Sel.

comme fraudeurs. Ces permis font une partie de la richesse du gouvernement français, en sus de son revenu territorial. Une partie est destinée au soutien des veuves, orphelins et pauvres. Les autres sont vendus aux particuliers, et le produit entre dans les coffres du gouvernement.

Barre. Depuis la pointe méridionale de la côte de Coromandel jusqu'à la pointe aux Palmiers qui ferme la baie de Balassor, le débarquement est impraticable avec des bateaux européens. L'Océan, qui depuis une longue suite de siècles s'est retiré successivement, et des montagnes des Gatas et de la plaine sur laquelle elles s'élèvent, travaille journellement à l'exhaussement de la côte qu'il abandonne insensiblement: il amasse sans cesse sur toute l'étendue de cette côte, des sables et des détrimens de productions marines dont il compose lentement un banc destiné à devenir un jour la côte contre laquelle il adossera de nouveau d'autres bancs. Ces sables forment ce qu'on appelle la barre : il est rare que la mer n'y déferle pas avec fureur. L'extrémité de la lame qui surmonte ce banc, se jette entre lui et le rivage, où elle va former une nouvelle lame ; le mouvement alternatif de la vague qui tend à miner le rivage, et l'écoulement de cette lame qui cherche à se réunir à la masse de la mer, occasionnent une excavation entre le banc et la côte. Cet intervalle, large d'une portée de pistolet, fait ce qu'on appelle le ressac de la barre ; ce n'est donc que le sommet de la vague qui passe par-dessus le banc qui forme cette barre, ce qui ne donne pas une profondeur de plus d'un pied, et souvent moins : la lame s'y élève quelquefois considérablement, et alors elle brise avec violence. Un bateau européen qui tenterait ce passage, courrait le risque de toucher sur le banc, et d'être englouti dans les lames. Pour prévenir cet inconvénient, on construit dans le pays des bateaux plats, sans Chelingues. membrure, que l'on nomme chelingues, et dont les planches sont cousues et non clouées. Cette disposition leur donne plus d'élasticité, et les fait céder sous les coups de la lame quand elles en sont frappées, ce qui les empêche de se briser aussi facilement qu'un autre bateau; elles sont si plattes, que six pouces d'eau, et moins pour quelques-unes, suffisent pour les faire flotter chargées : elles sont extrêmement hautes de bord, et n'ont guère moins de quatre pieds; en sorte que lorsque la lame les atteint, elle ne passe pas par-dessus, et risque moins de les remplir; elles sont communément armées de neuf Noirs, et d'onze lorsque la mer est grosse; celui qui les gouverne est debout sur l'arrière, muni d'un très-grand aviron : il s'étudie à présenter toujours l'extrémité de son bateau à la vague. Une longue expérience leur a appris que toutes les lames ne sont pas également fortes, et qu'après trois grosses, il en succède au moins une plus praticable. Ils prennent leur tems, et se trompent rarement. Ils passent sur le dos de celle qu'ils ont jugée devoir être moins violente, et la suivent de manière à ce qu'elle déferle sous le devant de leur chelingue. Le reste de la lame encore gonflé, leur donne de l'eau suffisamment pour franchir le banc; ils arrivent ainsi sains et saufs, poursuivis par une autre lame qui se brise derrière eux sur la barre, et qui, ne les atteignant point, ne les empêche pas de se rendre au débarquement. Quelle que soit leur adresse, ils ne réussissent pas toujours; il arrive par fois qu'ils jugent mal la lame, ou qu'ils gouvernent mal, ou enfin qu'ils sont trop de l'avant ou de l'arrière, alors ils sont surpris par la vague, chavirent, et tout ce qui est dans la chelingue tombe à la mer. Comme ils sont tous excellens nageurs, ils s'attachent aux Européens et les sauvent, mais les marchandises courent risque d'être perdues.

Pour parer à ce malheur, quand on leur confie de l'argent en grosses sommes, ou d'autres objets précieux, il est d'usage d'y attacher une corde, au bout de laquelle on ajoute une bouée, à l'aide de quoi on retrouve l'objet submergé.

Lorsque la mer est assez grosse pour faire craindre un accident, on ajoute à toutes ces précautions, celle de faire accompagner la chelingue par un catimaron; on appelle ainsi un assemblage de trois morceaux de bois, liés ensemble avec des cordes. Leur largeur ne permet pas qu'ils chavirent, et comme ils n'ont aucune capacité intérieure, ils sont insubmersibles. Les Noirs s'asseyent dessus cette espèce de ras, les jambes repliées sous eux;

Catimaron.

et quelquefois ils se délassent de la gêne que leur donne cette attitude, en les laissant tout uniment pendre à l'eau. Il n'est pas sans exemple que les requins en aient emporté quelques-unes dans leur attitude ordinaire, soit à genoux, soit assis ; la mer les baigne jusqu'à la ceinture, ils n'ont de sec que la tête sur laquelle ils portent les papiers qu'on leur confie dans un bonnet fait à ce dessein.

C'est sur une embarcation aussi frêle que les naturels de l'Inde, mais sur-tout les insulaires des andemans et des détroits, entreprennent des navigations considérables. Ils mâtent ce chétif catimaron, y ajustent un balancier qui sert de contre-poids à une voile énorme, eu égard à l'embarcation, et à l'aide de cette voile, ils font de très-grands trajets avec une célérité étonnante ; s'il leur arrive un accident, aussitôt ils se mettent tous à la nage, et comme autant de poissons, travaillent à rétablir leur machine sur laquelle ils remontent ensuite, et continuent leur route.

Côte basse.

En arrivant sur la côte de l'Inde, les premiers objets que l'on aperçoit, sont les pavillons des villes où l'on aborde; on les voit flotter sur la mer, comme s'ils sortaient de son sein; la côte est si basse, qu'on ne la voit qu'à une très-petite distance, les montagnes des Gates étant trop éloignées du rivage pour les apercevoir du large.

Conjectures sur l'ancienneté de la côte actuelle.

Cette plaine qui s'étend du bord de la mer jusqu'aux Gates est si plate, que les rivières n'y ont presque pas de cours, et même à leur embouchure elles sont si peu rapides, que la mer y amoncelle la barre comme par-tout ailleurs, de manière que les rivières sont fermées et filtrent au travers du sable. Dans le tems des pluies, elles gonflent, surmontent le banc qui les bouche, et le cours de l'eau y fraye bientôt un lit que la mer comble de nouveau aussitôt que le gros de l'eau est écoulé. On conçoit que je ne parle que des petites rivières, et non pas de celles qui sont asses profondes pour admettre des vaisseaux.

Ce peu d'élévation de la côte quadre mal avec l'antiquité supposée du pays. La quantité de rivières, de lacs dont il est arrosé, le sol qui dans beaucoup d'endroits n'est que du sable, tout porte à croire que l'Océan l'a couvert à des tems peu reculés. On ne commence qu'à Pondichéry à voir un petit coteau, et de là jusqu'au nord de Sadras, on ne voit que quelques collines en petit nombre, qui durent être des îles quand l'Océan couvrait la plaine.

Si l'on considère le peu de profondeur du golfe qui sépare Ceylan de la côte et la chaîne de rochers qui les réunit, sur laquelle les pirogues seules peuvent passer aujourd'hui, on peut sans témérité prononcer que dans douze siècles Ceylan ne sera plus une île, en supposant dans cette partie du monde la même progression diminutive qu'on a observée dans la mer Baltique, c'est-à-dire, quarante-cinq pouces par siècle. Le calcul serait juste, car le golfe n'a que neuf brasses d'eau dans l'endroit le plus profond : or, en admettant dans l'Océan une pareille diminution antérieure, on se trouverait conduit à conclure que l'Inde actuelle n'est pas la même qu'elle était du tems d'Alexandre, et qu'alors la plaine sur laquelle sont bâtis Pondichéry et Madras, était encore sous les eaux.

Cependant il existe des monumens des hommes en ce pays, qui portent des caractères d'une grande antiquité ; j'anticipe ici sur mon voyage, afin de présenter les faits à côté du système, pour qu'on puisse porter un jugement.

En remontant le Godwarin, on trouve à trois lieues à-peu-près au dessus de Yanaon, une petite ville indienne nommée Cotà, résidence d'un raja. De là en s'écartant un peu vers l'est, on arrive à une grande aldée murée nommée Datcharom. La situation de cette place n'est pas élevée, elle est au contraire environnée d'eau; elle a dû par conséquent n'être affranchie de l'empire de l'Océan qu'à des tems antérieurs de peu de siècles à ceux où la côte actuelle sortit du sein des eaux; néanmoins on trouve en cette aldée une très-belle pagode, qui jadis dût être une place forte; elle est défendue par un large et profond fossé, dont les bords dégradés malgré leur talus annonçoient la vétusté. On arrive à l'édifice par deux ponts. La pagode est comme toutes les autres, bâtie au milieu d'une vaste cour; c'est l'entourage de cette cour qui m'a frappé d'étonnement. La muraille en est si ancienne, qu'elle a été renouvelée trois fois, et ces trois maçonneries différentes n'échappent pas à l'œil attentif

Monument de Datcharom.

et exercé : elles ont subi des dégradations, suites nécessaires des injures du tems. Les deux maçonneries supérieures n'ont rien de remarquable que leur air de vétusté ; elles sont de brique. Celle qui les supporte est aussi de brique, mais mieux conservée, et le goût malabar s'y fait remarquer dans deux moulures que le tems a épargnées : tout cela repose sur une base de granit de la plus grande beauté, et dont le niveau n'a pas encore cédé d'un pouce : toute cette base de la façade de l'ouest et de celle du sud est parfaitement conservée, l'architecture en est visiblement grecque ; on y voit la plinthe, le boudin et l'astragale aussi correctement faits que par un architecte de nos jours ; le tout est parfaitement aligné et fait pour fixer l'attention d'un observateur. Quand on compare ce monument avec les pagodes de Chalambarum et de Jagrenat, toutes deux bâties dans le goût malabar et passant pour antiques, on ne peut se rendre raison d'un morceau d'architecture grecque au milieu d'un pays où il n'en existe aucune trace, si ce n'est dans les établissemens européens, chez lesquels on ne trouve cependant aucun ouvrage de granit de ce genre. J'ai bien vu des chauderies et autres bâtimens indiens construits en pareille pierre, mais par-tout j'ai vu l'architecture malabar ou indienne, et jamais vestige grec ne s'est offert à ma vue. Les Maures de Dehcharom ont la plus haute idée de l'antiquité de cette pagode : elle existait, disent-ils, long-tems avant qu'ils fussent établis en cet endroit, et ils l'ont laissé subsister à l'usage des Indous qui habitent le village avec eux. Leur tradition leur rappelle le renouvellement des deux maçonneries supérieures que j'ai remarquées ; mais ils ignorent l'époque de la troisième, et n'ont aucune idée de l'âge de la pierre qui supporte le tout.

Quel que soit l'architecte qui a bâti ce monument, il a dû prendre toutes les précautions possibles pour le faire avec solidité, attendu qu'il travailloit au milieu de l'eau; en effet, il a réussi, puisque le bâtiment a survécu jusqu'aujourd'hui. Or, il est à présumer que c'était à des tems antérieurs à l'architecture indienne, autrement il se serait conformé à l'usage de son pays. L'architecture malabar était en usage lors du premier renouvellement qui porte sur la base, puisqu'on l'a bâti dans le goût indien.

Si cet édifice était près, comme il le paraît, comment concilier l'époque de sa fondation avec celle où la mer a dû quitter ces contrées? Le pays en général est si bas, qu'il suffit d'une tempête pour le submerger. Les exemples ne manquent pas. On a vu en 1789 tout le pays de Coringui et adjacent submergé par trois lames, qu'une tempête éleva au-dessus de son niveau

Conjectures sur l'antiquité de la côte actuelle.

ordinaire, l'eau monta jusques dans Yanaon. La mer surmonta ses limites, et porta un vaisseau (1) dans les plaines à une lieue de Coringui. Ce désastre fut occasionné par trois vagues qui se succédèrent, après quoi la mer rentra dans son lit, et les eaux s'écoulèrent. Un pareil événement prouve invinciblement le peu d'élévation du pays, et par conséquent son peu d'antiquité; comment donc se fait-il qu'on trouve à Datcharom, voisin de Coringui, un monument qui porte tous les caractères d'une si grande vétusté?

Si nous admettions, avec quelques géographes, que dans les premiers âges du monde la presqu'île de l'Inde fut une île (ce que je ne nie pas, au contraire), il s'ensuivrait que la plaine qui s'étend depuis la côte jusqu'au pied des Gates, était encore submergée à [illegible]

(1) Le Bavier, capitaine Bourdé Dubeil-laubert.

Conjectures sur les montagnes.

cette époque, puisqu'elle est de beaucoup plus basse que les pays qui formaient alors le détroit entre l'île d'alors, et ce qui forme aujourd'hui le Mogol proprement dit. Dans cette hypothèse les Gates auraient-elles été le berceau des Brames? Il me semble que l'affirmative est probable. Ces montagnes ont dû exister dès le premier âge du globe; elles sont primitives, c'est-à-dire, granitiques; elles forment sans contredit, une des ramifications de la chaîne qui constitue la charpente de la terre; elles paraissent se terminer au cap Comorin. Mais je ne crains pas d'être taxé d'exagération par ceux qui ont étudié cette partie, en avançant qu'elles ne me paraissent se terminer qu'à l'île de Saint-Paul, dans le sud de celles de France et de Bourbon; et si nous ne la voyons pas reparaître entre cette île Saint-Paul et le pôle, c'est que les glaces nous ont empêché de pénétrer jusques-là, ou que les montagnes qui continuent cette chaîne ne sont pas assez élevées pour paraître au-dessus de la mer. C'est cette même chaîne, qui plongeant sous les flots, reparaît de tems en tems, et montre les pics de ses montagnes, dont les sommets forment les îles de France, de Bourbon, de Rodrigues, et le vaste archipel encore peu connu, qui remplit la mer entre ces îles et les Maldives : enfin, c'est la même chaîne qui forme les Maldives, les Laquedives, et même Ceylan. Quant à cette dernière île, j'en parle par conjecture, car je ne l'ai pas observée. Les montagnes de la côte que j'ai visitées, sont toutes calcaires ; mais je pense que la chaîne du milieu de l'île est granitique. Enfin, si l'on admet le principe (aujourd'hui reconnu pour incontestable) de la retraite successive de l'Océan, on ne peut se refuser à conclure que dans un nombre très-considérable de siècles, les îles de France et de Bourbon termineront l'Asie vers le sud.

Cette opinion est bien loin d'être erronée. Ces deux îles sont déjà presque réunies en continent. Leur archipel et celui des Maldives ne sont qu'une seule masse de montagnes liées ensemble sous les eaux, à une profondeur assez peu considérable, entre lesquelles la mer conserve encore des canaux. En un mot, aux yeux du philosophe, ce continent est déjà découvert; les plaines seules restent submergées, et peut-être n'attendront-elles pas pour sortir du sein de l'Océan, l'époque où la retraite lente et graduelle du fluide les laissera à sec; elles peuvent devoir leur naissance à quelque explosion volcanique. Un si grand espace ne peut pas être entièrement dépourvu de pyrites; déjà l'île de Bourbon brûle; et il est à présumer que l'eau se frayant enfin un passage jusqu'à celles contenues dans les entrailles des terres qui subissent encore le joug de l'Océan, il en résultera quelqu'explosion qui produira le naufrage des îles qui existent, ou la naissance de nouvelles terres; et l'on doit plutôt pencher pour la dernière hypothèse, parce que les montagnes existantes forment toutes ensemble un tel corps de granit, que l'explosion aura beaucoup moins de force à faire pour lancer le fond de la mer à sa superficie, que pour ébranler et engloutir une pareille masse, dont la résistance s'augmente par son adhésion à celle qui l'avoisine, et par l'union de toutes les parties qui la constituent.

Revenons à notre voyage.

En arrivant à Pondichéry, les yeux sont choqués des ruines que l'on aperçoit. L'église et le couvent des capucins, détruits pendant le siége de M. de Bellecombe, n'ont point été réparés; plusieurs autres maisons, sur le bord de la mer du côté du sud, pa- Description de Pondichéry.

reillement détruites, ne sont plus que des masures; le coup-d'œil par conséquent en est triste. Mais quand on est débarqué, la scène change. En entrant sur la place d'armes, on est frappé de son air de grandeur; le palais du gouverneur la décore, lui imprime un caractère de noblesse; et si tout répondait à ce début, Pondichéry serait la plus belle ville de l'Inde.

On la divise en deux parties, ville Noire et ville Blanche; cette dernière s'étend sur le bord de la mer, et se divise elle-même en deux parties, le nord et le sud. La tour qui porte le mât de pavillon est au milieu, et sépare les deux quartiers.

La ville Noire est séparée de la Blanche par un fossé qui traverse tout Pondichéry. Elle s'étend de là jusqu'aux remparts, renfermant une population de près de quatre-vingt mille ames, et une cathédrale appartenante à un couvent de Jésuites français, dont l'évêque est de cette société. Cette église, bâtie nouvellement dans le goût moderne, est la seule de l'Inde qui soit passable.

La ville Blanche est très peu considérable. Sa longueur comprend tout le front de la place sur le bord de la mer; mais sa profondeur, depuis le rivage jusqu'au fossé qui la sépare de la ville Noire, n'est pas de plus de trois cents toises. Cet espace est rempli de très-belles maisons, mais fort peu ont un étage au-dessus du rez-de-chaussée; elle renferme une paroisse desservie par les capucins de la mission française.

Les rues sont, comme par toute l'Inde, sans pavé, la plupart ne sont que du sable; et comme les maisons sont toutes blanchies à la chaux, il est extrêmement pénible par l'effet de la réverbération d'y marcher pendant l'ardeur du midi. Pour parer à cet inconvénient, on est convenu de se faire porter ; et les domestiques sont à si bon marché, qu'il est fort peu de personnes qui n'aient pas le moyen d'avoir leurs porteurs et leur palanquin. Tant de voyageurs ont écrit sur cet objet, que je n'entrerai dans aucune description à cet égard ; on peut consulter Sonnerat, Niébur et autres. Les petits détails que je donnerai sont ceux dont les auteurs qui m'ont précédé ont dédaigné de parler.

Arrivée et domestiques.

Un capitaine ou un voyageur qui dispose d'une grosse somme d'argent, trouve, en débarquant sur le rivage même, tout ce qui lui est nécessaire pour son séjour dans le pays, sans se donner d'autre peine que celle de choisir. Tout cela se trouve compris dans la personne d'un dobachi. La foule de ces gens-là est très-considérable ; ils sont suivis d'une multitude de garçons, et forment une cohue dont on a de la peine à se débarrasser. Au moment où l'on saute de la chelingue, les uns prennent une partie de ce que l'on descend avec soi, d'autres présentent des certificats de bons services rendus aux capitaines ou autres particuliers qui les ont employés : chacun a l'air de s'emparer de l'arrivant, à l'exclusion des autres ; ceux qui tiennent les objets qu'il a descendus de son vaisseau en font parade, et viennent se ranger auprès de lui d'un air de satisfaction ; tous s'opposent à son passage en lui faisant offre de service. S'il a l'air d'en distinguer un, au même instant s'élève une dispute, tous ensemble font un vacarme augmenté par le bruit de la barre qui vient briser tout auprès. Un voyageur qui pour la première fois débarque sur la côte de l'Inde, ne sait où donner de la tête ; toutes les fois qu'il veut marcher pour entrer dans la ville, cent bras s'avancent avec des certificats pour le forcer de choisir ; plus son embarras redouble, plus les

Dobachi et domestiques.

Noirs qui s'aperçoivent qu'il est novice, deviennent pressans; enfin, de guerre las, il fait un choix, et, de ce moment, la bagarre se dissipe; le dobachi choisi sera ordinairement le premier garçon d'un homme riche; envoyé par son maître, il tombe aussitôt à coups de rottin sur la multitude, s'empare très-brutalement de tous les effets que le voyageur a débarqués, place quelques garçons subalternes pour lui frayer le chemin au travers de la foule; lui fait approcher un palanquin, l'emporte comme sa proie, et le conduit à l'auberge qu'il juge à propos. Le dobachi en chef vient alors lui rendre ses devoirs; et dans la journée, l'arrivant a sa maison, ses meubles, ses serviteurs de toute espèce, sa cuisine montée, en un mot, rien ne lui manque, sans même qu'il ait pris la peine de desirer; car souvent il ignore les usages auxquels il faut qu'il se conforme. Le dobachi s'empare de tout l'argent, de toutes les marchandises, de toutes les affaires de son maître; un caissier, nommé *seraff*, est chargé du numéraire. Le bénéfice que fait le premier sur cet argent, le met dans le cas de défrayer la dépense de son maître : aussi est-il d'usage, lorsqu'on fait de grosses affaires, que ce dobachi paie tout le séjour que l'on fait dans le pays.

Serviteurs.

On a des serviteurs pour tous les besoins; les quatre grandes castes de l'Inde se subdivisent en beaucoup de petites; toutes ces différentes subdivisions sont soumises à des préjugés qui ne leur permettraient pas de rendre des services ignobles. Tous ces services sont nuancés, et la gradation de ceux qui doivent les rendre est très-marquée. Les plus basses castes sont chargées des ordures; les balayeuses, nommées *taligarchi*, sont basses castes. Les cordonniers viennent ensuite, ils sont très-avilis par l'opinion;

puis les domestiques placés près du maître pour ses besoins, tel que celui qui lui lave les pieds, celui qui boucle ses souliers, ensuite les porteurs et celui qui porte le parasol, puis le barbier, celui qui nettoie le nez et les oreilles, et qui coupe les ongles. Il est très-vrai que ces gens-là rafinent sur tout ce qui peut produire des sensations flatteuses. Je n'ai jamais éprouvé rien de plus agréable que de me faire nettoyer les oreilles par un Noir de Pondichéry ; ils finissent l'opération par y introduire un petit morçeau d'acier, qu'ils font vibrer d'une légère chiquenaude : le bruit sonore que cela occasionne procure un frémissement délicieux. Après ce serviteur, vient le perruquier, ensuite le masseur. Masser est encore une sensation que ces gens-là savent procurer.

Lorsqu'on a habité quelque tems le climat de l'Inde, on est épuisé par la transpiration ; la grande chaleur rend paresseux, on ne se donne presque point de mouvement, les humeurs ne circulent pas, et la synovie s'épaissit; on devient lourd, le sommeil accable, on tombe dans un état d'apathie qui finit par quelque maladie et souvent par le charbon. Les bains ne suffisent pas toujours pour donner du ton à la fibre engourdie; on prévient tous ces accidens en se faisant masser. On s'y fait peu-à-peu : on commence d'abord très-faiblement; mais au bout de cinq ou six mois, on se fait masser très-vigoureusement. La personne sur qui se fait l'opération se couche sur son lit, un serviteur la pétrit comme une pâte molle, ayant soin de poser sur tous les muscles des bras, des jambes, etc.

Le résultat de cette cérémonie est de forcer le sang et les humeurs à circuler librement; cela procure un sommeil agréable, après lequel on se lève sans mal-aise, sans douleurs, sans engourdissement, sans maux de tête, en un mot léger et dispos.

Après le masseur, vient le valet-de-chambre, et ensuite celui qui écrit tous les effets, linge, etc. Lorsqu'un valet-de-chambre donne une chemise à son maître, l'écrivain la porte gravement en compte, referme la malle, en prend la clef avec beaucoup d'importance, et la réunit au trousseau qu'il porte avec jactance sur une épaule; et plus cet amas de clefs est considérable, plus le serviteur qui le porte croit valoir.

Après lui, vient le *houcca-berdar*, c'est celui qui prépare le houcca et qui le présente à son maître quand il veut fumer. On a vu la description de cet instrument dans tous les voyageurs qui ont écrit. Le grand mérite d'un houcca-berdar est de faire fumer son maître en palanquin ou à cheval; pour cet effet, il faut qu'il porte la bouteille et le réchaud, tandis que son maître tient le bout du serpent.

De cette manière, il suit à la course les porteurs ou le cheval, sans que rien se dérange ; le feu, le tabac, l'eau, tout est porté avec une telle précaution, que l'on fume comme si l'on était dans un appartement.

Après le porteur du houcca, vient le pion ou soldat ; celui-là est caste Maure, quelquefois brave, souvent hargneux et toujours très-fier de sa charge. Il porte une bandouillère avec une plaque d'argent sur laquelle sont gravés les armes ou le chiffre de celui qu'il sert. Son emploi est de faire les commissions et d'accompagner son maître quand il sort ; il est armé d'un sabre ou d'une pique, et court devant le palanquin, écartant la foule et criant sans cesse, en maure, gare. On augmente le nombre des pions suivant le luxe qu'on veut déployer. Les marchands ordinaires en ont deux ; et pour peu qu'on tienne au gouvernement, on en a trois ou quatre. Un marchand porté rapidement dans son palanquin, précédé de ses pions et de quatre porteurs de rechange, accompagné de son houcca-berdar, de son ombrella, suivi des garçons et écrivains qui ne le quittent pas, faisant grand bruit et renversant la foule sur son passage, n'a plus l'air d'un marchand aux yeux d'un arrivant; on le prendrait pour un très-grand seigneur.

Le personnage le plus important ensuite est le portier, cet homme se croit revêtu d'une grande confiance; il est vrai qu'il garde la porte avec une attention si scrupuleuse, que souvent il arrête même les garçons de la maison lorsqu'ils sortent avec un paquet, à moins qu'on ne lui donne la consigne de les laisser passer.

Enfin le cuisinier et ses aides, le comprador par-dessus tout (ce comprador est celui qui fait les provisions); ensuite le bouteiller et l'officier, puis celui qui sert sur table, complètent la foule des garçons ou domestiques qui sont attachés au service immédiat de la personne d'un homme médiocrement riche.

On croirait, après une pareille foule, que la liste est finie ; point du tout, on a de surcroît le dobachi en chef, et trois ou quatre premiers garçons, autant d'écrivains subalternes, et une foule de jeunes Indiens attachés au dobachi pour apprendre le commerce ; tout cela forme un cortège très-considérable qui l'accompagne. Il entre seul dans la chambre ou dans le cabinet du maître, suivi d'un écrivain pour prendre des ordres, des notes, ou présenter des comptes. Comme cet homme est celui sur lequel roulent toutes les affaires, le négociant européen n'a que la peine d'inspecter ses opérations, et de lui donner ses ordres. Cette petite audience du matin finie, il le congédie, et la maison reste pleine de toute sa suite ; ils s'établissent dans tous les coins ; assis par terre, ils écrivent tous, n'importe quoi, observant un silence si profond, qu'il suffit que le maître claque légèrement des mains dans son appartement pour être entendu, et faire mettre aussitôt tous ces gens-là sur pied. Lorsqu'on rend visite le matin, c'est une étude à faire que de se frayer une route dans l'antichambre ou la grande salle, au milieu de tous ces écrivains environnés de leurs papiers, sans en fouler quelques-uns aux pieds. Les Indiens commencent à écrire sur du papier de soie, ils le tirent de Chine. En général, il boit beaucoup, mais ils n'ont point encore pris l'habitude de faire leurs livres en papier. Ils écrivent assez ordinairement sur une feuille de palmier-latanier ; ils se servent pour cet effet d'un poinçon de fer, qu'ils mettent en mouvement avec la main droite, et qu'ils contretiennent avec l'ongle du pouce de la main gauche, tenant la feuille de latanier dans leur main sans l'appuyer. Lorsqu'ils veulent faire un livre, ils coupent les feuilles de même longueur, les percent par les deux bouts et les enfilent ; les cordons aboutissent à deux petits ais de bois, plus larges et plus longs que les feuilles de latanier, et par ce moyen les préservent. On ferme le livre et on l'attache en serrant les cordons : il y en a de très-volumineux. (*Voyez* Sonnerat.) Livres.

Ils ont différens caractères, les maures et les malabars. Le maure est une langue antée sur le persan, dont elle a pris l'alphabet ; cette langue est très-usitée dans toute l'Asie, la Chine exceptée. Tous les militaires et les matelots la parlent.

Le malabar est la langue du pays, elle a ses caractères particuliers ; l'étude de cette langue n'est pas sans agrément, elle possède une littérature Langue.

assez abondante pour fournir à la lecture d'un homme qui cherche à s'instruire.

Je renvoie toujours à l'ouvrage de M. Sonnerat pour tout ce qui concerne les langues, usages et religion de l'Inde. Il est difficile de dire quelque chose de nouveau après lui, il suffit d'indiquer les faits pour mettre le lecteur sur la voie.

Castes. Je ne traiterai point des castes, cet objet est trop connu pour en parler. Mais à toutes celles que nous connoissons, il faut en ajouter une nouvelle qui pullule considérablement, et qui finira peut-être par envahir un jour toutes les autres, les Brames exceptés.

C'est celle que produit l'alliance des Européens avec les naturels de toutes les castes. Les premières unions de ce genre furent formées par les Portugais lors de leurs brillantes conquêtes. La race en a pris le nom, sous lequel on la connaît aujourd'hui ; cette filiation portugaise n'a pas toujours blanchi ; quelques branches sont redevenues noires ; quelques autres aussi se sont tellement rapprochées du sang européen, qu'on ne peut plus les reconnaître au coup-d'œil ; cela doit d'autant moins surprendre, que, la couleur exceptée, les Indiens n'ont aucuns caractères qui les distinguent des Européens. Je prendrai cette occasion de dire un mot des différentes races que j'ai vues sur le globe.

Tous les hommes sont incontestablement d'une seule espèce, puisqu'ils peuvent tous produire ensemble ; mais les races sont visiblement différentes. J'en reconnais quatre distinctes, qui se subdivisent ensuite en plusieurs branches ; la première race est celle de l'Europe et de l'Asie, il paraît démontré que l'origine est la même, quelle que soit la couleur qui la varie. Cette couleur se nuance à mesure

Conjectures sur les races.

qu'elle s'approche de l'équateur, ce qui me paraît une preuve incontestable qu'elle le doit au climat. Je conviendrai du rézeau noir que l'anatomie trouve entre la peau et l'épiderme d'un nègre : je veux même convenir que cette particularité se rencontrerait pareillement dans un Noir d'Asie, dans un Indien de basse caste ; car ce rézeau ne peut appartenir à la race des Brames, dont la couleur est d'un jaune pâle, un peu moins foncée que celle des mulâtres, et plus animée par le sang.

Mais même en convenant que ce rézeau se trouvât chez un Indien, je n'en conclurais pas moins que le climat seul l'a produit, et que par une latitude plus haute, il se dissiperait après quelques générations, même sans alliance avec des Blancs : au surplus, les Noirs sont très-peu nombreux en Asie ; je veux dire les Noirs absolument tels. On n'en trouve guère que dans la presqu'île de l'Inde, au Pegou et dans les îles ; car aussitôt qu'on atteint la latitude de vingt degrés, l'espèce a déjà pris une teinte plus claire. Du reste, les caractères sont les mêmes que les nôtres. Les principaux sont : les lèvres médiocrement grosses, le nez protubérant, les yeux longs, les cheveux lisses, longs, et la barbe.

Cette race prend en Europe trois nuances très-marquées, celle d'Orient, celle d'Occident et les Lapons : les premiers ont conservé un caractère de figure grecque, qui n'est pas méconnaissable. En Asie les principales nuances sont les Blancs, les Brames et cuivrés, les Noirs et les Chinois. Les principaux caractères de ces derniers sont le nez moins protubérant, les yeux petits et posés obliquement : toutes ces subdivisions ont, à mon avis, une origine commune ; le climat seul leur a imprimé les différences qui les caractérisent.

La seconde race est celle d'Afrique.

Celle-là est parfaitement distincte, et doit avoir une origine différente. Ses principaux caractères sont la couleur généralement d'un noir-mat, le nez épaté et peu saillant, les yeux ronds, les lèvres grosses, et de la laine frisée au lieu de cheveux et de barbe. Nous ne connaissons encore à cette race qu'une subdivision, c'est celle des Hottentots, qui sont d'un noir un peu moins foncé, et dont quelques individus tirent un peu sur le cuivré; mais les autres caractères subsistent. La laine frisée sur-tout paraît être le principal attribut de la race d'Afrique. Un grand homme a écrit de nos jours que le berceau du genre humain était sur le plateau de la Tartarie; je ne contesterai pas cette origine pour les Européens et les Asiatiques, car je suis persuadé qu'ils n'en ont qu'une qui leur est commune; mais j'ai peine à croire que l'Afrique doive sa population à la même source. L'isthme de

Suez a visiblement servi de lit à la mer, à des tems où l'Afrique ne pouvait être déserte. Cette grande île a dû avoir une race propre à elle dans des siècles où la navigation était trop peu connue, pour admettre que les hommes se soient répandus sur le globe par le moyen de leurs vaisseaux. Nous conviendrons avec quelques auteurs, que les hommes primitifs ont pu descendre du Caucase et se répandre dans les plaines à mesure qu'elles se sont desséchées. Mais nous n'avons pas de raisons pour refuser un pareil moyen de population à l'Afrique ; elle peut avoir eu son Caucase, où la souche de la race africaine a pris naissance. Nous ne connaissons pas assez l'intérieur de cette partie du monde pour établir sur elle des conjectures fondées ; nous sommes contraints de nous borner à observer la race des hommes qui l'habitent. Cette race est incontestablement différente de la nôtre. Notre origine ne peut être la même : pour prouver le contraire, il faudrait qu'une famille africaine transportée en Europe prît les caractères européens sans s'unir à la race d'Europe, que ses cheveux devinssent lisses, et *vice versâ*.

Nous ne voyons cependant pas que les Créoles du cap de Bonne-Espérance, dont les familles comptent trois et quatre générations dans le pays, aient vu leurs cheveux se convertir en laine. Cette laine est si fortement imprimée à la race d'Afrique, que même en la croisant avec celle d'Europe, c'est le dernier caractère qui disparaît. Il tient si fort à cette race, il la distingue si parfaitement de toutes les autres, que même par trente-quatre degrés de latitude, il n'a rien perdu de sa force, c'est toujours la même laine. Ce caractère appartient si bien à l'Afrique, qu'il se renferme dans ses limites, et ne passe pas outre. Les Espagnols, séparés par un détroit de sept lieues, ont les cheveux longs et lisses. Les Arabes qui touchent à l'Afrique, ceux qui n'en sont séparés que par le détroit de Babelmandel, tous ont pareillement les cheveux longs. Quand un caractère est aussi prononcé que celui-là, aussi étranger à toutes les autres races, comment ne pas reconnaître que l'origine est différente (1).

---

(1) Je sais que le chevalier Bruce dit, tome I, page 172, que les Kennoufs, peuple qui habite sur les rives du Nil au-delà de la seconde cataracte de Nubie, ont des cheveux et non de la laine: mais il n'a pas recherché si cette peuplade est indigène ou si elle vient d'Asie. Tout ce pays est, comme on sait, plein d'Arabes, et il n'y a aucune raison de se refuser à croire que les Kennoufs soient Arabes d'origine: ainsi ce fait, que la réputation de l'auteur ne nous permet pas de révoquer en doute, ne prouve rien contre notre système.

Le même voyageur assure, page 342, que les habitans au sud du cap Heli, entre l'Yémen et les états du schérif de la Mecque, ont de la laine au lieu de cheveux. Cela ne détruit point encore ce que j'ai avancé; il faudrait, pour vaincre mon opinion, que des individus à laine frisée se trou-

La troisième race se trouve principalement vers le Darien, mais les individus en sont bien peu nombreux. Ce sont les Albinos, dont les principaux

---

vassent indifféremment par-tout, mêlés avec les individus à cheveux lisses; mais tant que je les vois renfermés dans une petite peuplade distincte, je les regarde comme une nouvelle preuve en ma faveur; c'est-à-dire, qu'ils ont une origine différente des habitans du pays, au milieu duquel ils se trouvent enclavés. On rencontre à chaque pas des Abyssins sur la côte d'Arabie. Cet estimable auteur s'est-il assuré que le canton du cap Heli n'ait pas donné asile à une émigration d'Abyssinie, soit dans le tems des guerres pour l'établissement du mahométisme, soit antérieurement. Ses observations d'ailleurs, quoiqu'en général admirables, demandent peut-être quelquefois à être examinées de près, car il est possible qu'il se soit reposé sur un mauvais rédacteur, du soin de mettre ses notes en ordre. Ne doit-on pas mettre au rang des observations douteuses celle par laquelle il assure avoir observé 24d. 45' nord à Sienne; tout près du lieu où Pline et Strabon disent qu'était creusé le puits perpendiculairement placé sous le Tropique?

caractères sont le blanc-mat de leur peau, de la filasse au lieu de cheveux, et des yeux petits et ronds incapables de souffrir l'éclat du jour.

Il ne serait pas facile d'asseoir des conjectures sur l'origine de ces malheureux êtres, auxquels la nature a tant refusé : elle les a doués à la vérité de la faculté de penser et de parler, mais ce dernier organe est si imparfait chez eux, qu'il ressemble plutôt à un murmure qu'à une articulation : même à une petite distance, le mouvement de leurs lèvres est tout ce qu'on aperçoit ; aucun son ne parvient aux oreilles, que lorsqu'on est assez près d'eux pour les toucher.

Quant à leur faculté de penser, elle n'est pas fort étendue, si l'on en juge d'après leur manière de vivre indolente, résultat peut-être du sentiment de leur faiblesse : mais en résumant celles de leurs actions qui nous sont connues, on est forcé de ne leur accorder de raisonnement que tout juste ce qui leur est nécessaire pour distinguer ce qui peut leur être nuisible.

Au reste, cette malheureuse race, faible et sans défense, ne consiste plus que dans quelques individus épars, échappés aux bêtes féroces et aux hommes qui leur donnent la chasse. Quelques-uns de ces malheureux nous sont parvenus ; et si nous étions assez téméraires pour juger la nature sur cet échantillon, nous penserions qu'elle n'a jeté que quelques individus de cette race vaguement sur le globe, et qu'elle ne leur a pas permis de se réunir en peuplade : du moins toutes les recherches des voyageurs n'ont-elles pu encore aboutir à en découvrir une. On a rencontré quelques-uns de ces misérables des deux sexes sur les côtes, où ils paraissaient vivre de poisson, et auxquels on a (peut-être légèrement) accordé bien peu de sens commun, au-delà de celui des huîtres qu'ils arrachaient de leurs rochers.

Si cette race a été nombreuse, elle a disparu presqu'en entier, et il n'en existe plus que ce qu'il en faut pour en conserver la mémoire : elle est au surplus trop peu connue, non-seulement pour savoir si elle a des subdivisions, mais encore pour savoir rien de bien positif sur son compte.

On a pensé que leur état physique et moral était le résultat d'une maladie, quelques-uns même ont cru que c'était l'état de maladie lui-même; mais ce ne sont que des conjectures, et on doit les considérer comme une race particulière jusqu'à ce qu'on ait acquis sur leur compte des lumières qui puissent lever les doutes à cet égard.

La quatrième race est celle de l'Amérique. Une race qui s'étend sous un ciel aussi varié, qui comprend toutes les zones, doit avoir des subdivisions bien nombreuses, aussi en a-t-elle à l'infini; mais le caractère principal est d'être imberbe, excepté quelques hordes de sauvages vers le nord.

Ce caractère est aussi frappant et aussi indélébile que la laine des Africains, et il me paraît tout aussi incontestable que leur origine est différente de la nôtre.

La nouveauté de ce continent ne me paraîtrait pas une preuve sans réplique, que ses habitans lui soient venus de l'ancien monde ; les plaines seules paraissent récemment affranchies du joug de l'Océan, mais rien ne peut nous porter à croire que ses montagnes aient dû être submergées, quand les nôtres étaient à sec. Si le Pichinca, si le Chimboraço portent des traces évidentes du séjour de la mer sur leurs pics les plus élevés, nos Alpes nous offrent les mêmes témoignages, et il me paraît raisonnable de penser que les montagnes de l'Amérique ont recelé les premiers individus de la race américaine, comme le Caucase, et peut-être l'Atlas ou toute autre montagne ont servi de berceau aux races qui peuplent aujourd'hui l'Europe et l'Afrique. En un mot, les cheveux et la barbe me paraissent les caractères distinctifs par lesquels la nature a voulu séparer les trois grandes races qui peuplent la terre (car les Albinos sont si peu nombreux, que je ne les compte pas à l'égard des autres), cette livrée qu'elle leur a ordonné de porter est ineffaçable, elle subsiste depuis leur origine, et sera le monument éternel qui attestera la différence des sources où elles ont puisé leur existence.

D'après le système dont je viens de crayonner l'esquisse, il n'est pas étonnant que la race portugaise se soit mariée si parfaitement avec celle de l'Inde, qu'après plusieurs générations on ne s'en aperçoive plus.

Parmi les dames de Pondichéry il en est peu qui puissent se vanter d'une origine blanche sans mélange. Si la filiation s'était toujours transmise par les Blancs, chaque branche d'une famille se trouvant au même point de blancheur, l'inconvénient serait petit. Mais il arrivera que de deux sœurs, l'une aura épousé un Portugais ou un Blanc quelconque, l'autre un Nègre, les cousins issus de germains peuvent être par ce moyen, les uns très-blancs, les autres très-noirs. Les Blancs peuvent être parvenus à une fortune considérable, les autres être restés dans l'état de domesticité. C'est ce qui arrive tous les jours, et à ce sujet je citerai un homme en place très-estimable sous tous les rapports, qui ayant épousé une femme de pareille extraction, mais dont le père était un officier décoré, était le premier à en plaisanter, d'autant qu'il ne vivait pas très-bien avec son épouse. Il disait assez gaiement qu'il craignait de faire corriger ses porteurs quand ils commettaient quelque faute, qu'il leur parloit même toujours fort honnêtement, dans la crainte de rencontrer dans leur nombre quelque cousin-germain de sa femme.

Race portugaise.

On ne connaissait à Pondichéry que deux seules familles, dont le sang fût parfaitement pur; l'une n'avait que deux garçons qui se sont alliés à des familles indiennes; l'autre n'avait que des filles qui n'en perpétueront pas le nom: ainsi dans vingt ans, Pondichéry ne pourra pas citer une seule famille, dont la filiation européenne puisse se prouver sans mêlange. Ces alliances sont devenues si communes, la portion des habitans connus sous le nom de caste portugaise est aujourd'hui si considérable, et va tellement en augmentant, qu'elle finira vraisemblablement, à l'aide des missions, par envahir les autres castes, si l'on en excepte les Brames, qui portent jusqu'au scrupule non-seulement l'attention de ne se point allier avec les étrangers, mais même le soin d'éviter toute communication avec eux, au point de briser les vases dans lesquels l'hospitalité leur fait une loi de leur servir à boire, lorsque l'occasion le demande.

Brames. Souvenez-vous toujours, dit-on à un Brame dès son enfance, que vous êtes né pour commander aux autres hommes. Cette leçon se répète tous les jours, et contribue peut-être autant que toute autre chose à leur donner l'opinion qu'ils ont de leur supériorité sur les autres castes.

Quoi qu'il en soit, les Brames sont en possession des places éminentes, des richesses, et jouissent d'un crédit infini. Cet empire, ils le durent vraisemblablement d'abord à leurs forces physiques, à leurs armes, et le conservèrent par leurs vertus et leurs lumières. Ils doivent bien encore aujourd'hui la considération dont ils jouissent, aux connaissances qu'ils possèdent. C'est bien l'opinion qu'on a de leur vertu et de leur sagesse qui les place au premier rang; mais ce n'est plus qu'une affaire d'opinion, et la première révolution dans les principes peut leur enlever cette suprématie. Ils ont déja perdu la supériorité physique, leur caste est comme tout le genre humain, déchue de la vigueur que durent avoir les premiers hommes ; la considération qui résulte des armes leur est déja échappée pour passer aux Maures qui les ont conquis. Si quelque chose peut les maintenir dans le rang élevé où ils se sont placés, c'est leur secret sur leur langue primitive, sur leurs mystères, sur les livres de leur religion, sur les connaissances qui en dérivent, et plus que tout cela peut-être, le privilége d'être immédiatement chargés du culte des autels.

Ces autels sont renfermés dans de petits temples que l'on nomme pagodes : quelques-uns de ces édifices sont fort considérables et couvrent un fort grand terrein ; mais ce sont les bâtimens adjacens, les tours élevées sur les portes, les entourages de la cour, qui donnent à ces temples une apparence aussi grande. La pagode, Pagodes.

proprement dite, est toujours un petit édifice capable de contenir cent personnes tout au plus; il est ordinairement situé au milieu de la cour; l'idole est posée sur un petit piédestal, ornée de fleurs, exposée à la vénération du peuple. On brûle devant l'image du Dieu beaucoup d'huile de coco dans une multitude de petits lampions : on lui présente des offrandes de fruits, de lait, de grains, d'huile et de fleurs; à chaque offrande, on sonne une quantité de petites clochettes attachées à une monture de bois en forme de triangle : ce vacarme est agréable au Dieu et à la multitude; et celui qui, par son présent, a mérité la faveur des clochettes, la paye en argent au profit des Brames.

Au surplus, personne n'a écrit sur ce sujet avec plus d'exactitude que M. Sonnerat; j'ai parcouru tout le pays, son ouvrage à la main, et je me donnerai bien de garde de chercher à traiter cette matière à fond après lui. C'est donc à ses ouvrages que je renvoie ceux qui desireraient des détails sur tout ce qui concerne la religion, sur les images que l'on adore, et sur les différens emblêmes sous lesquels on représente les diverses incarnations de Brama et les autres divinités.

La sagesse, par exemple, est adorée sous l'image d'une vache ; on la trouve dans toutes les pagodes, posée sur un grand piédestal placé au milieu de la cour ; on la rencontre dans les chemins à tous les carrefours, dans une petite niche pratiquée dans un terme. Les Indiens ont une dévotion particulière pour cette déesse, dont les excrémens leur sont en grande vénération ; ils ont d'ailleurs la propriété de chasser les insectes. Aussi ceux qui suivent le rite dans lequel elle est adorée, lavent-ils leurs maisons intérieurement avec une infusion de bouse de vache. Ils en enduisent les murailles à l'extérieur, ce qui fait qu'il y a telle maison malabar qui n'est agréable ni à voir, ni à sentir.

De tous leurs principes de religion, un seul trouvera place ici ; il intéresse particulièrement les voyageurs.

Hospitalité. L'hospitalité est une vertu qui leur est particulièrement recommandée ; sous ce rapport, un homme, en voyage, est pour eux un objet sacré. Il y a bien quelques exemples qu'ils en aient assassiné pour les dévaliser, mais ce n'est pas la faute du dogme. Par tout les scélérats savent s'affranchir du précepte ; et si quelques bandits ont désobéi à leur loi, les autres en général s'y conforment : non-seulement ils accueillent un voyageur, mais même ils vont au-devant de ses besoins

Chauderies. sur les routes. Ils bâtissent des chauderies, espèces de caravanserais, où toute personne peut entrer, se loger, faire sa cuisine s'il a des provisions, et repartir sans payer. L'hospitalité serait plus grande, si le malheureux trouvait à manger; mais c'est déja beaucoup de fournir un abri gratuit dans un pays où le premier besoin est de se mettre à couvert de l'inclémence du climat.

Ces chauderies sont quelquefois très-considérables; elles sont desservies par un homme chargé de les balayer et de les tenir toujours propres; un voyageur arrive, et, sans façon s'empare de la maison; elle lui appartient pour ce moment. Un autre survient, le premier venu lui fait place, et l'arrivant, sans rien lui dire, s'il le veut ainsi, s'établit où il juge à propos. Il en sera de même jusqu'à ce que la chauderie soit pleine; la chaleur passée, on se met en marche et on gagne la halte prochaine. Le soir venu, chacun s'arrange pour coucher, les Indiens pêle-mêle; et s'il s'y trouve quelque Européen, ils ont la complaisance de lui laisser un petit coin pour lui seul. Quoique l'hospitalité soit un point de dogme chez eux, néanmoins, pour éviter la gêne que cela pourrait leur occasionner, sur-tout sur les routes commerçantes, ils bâtissent des chauderies dans leurs aldées ou villages, et se mettent par ce moyen à l'abri des visites des voyageurs, qui ne songent point à s'adresser aux habitans, lorsqu'ils trouvent une maison publique : peut-être même, dans ce cas, ne seraient-ils pas reçus. Indépendamment de ces chauderies, situées à portée ou dans les villages, il y en a de distance en distance sur les routes dans la campagne, loin de toute autre habitation. Le voyageur, brûlé par un soleil ardent ou bien assailli d'un orage dans une plaine immense, écarté de tout autre asile, trouve par-tout, sur son chemin, un abri gratuit contre les injures du tems et du climat. S'il n'y a pas abondamment de l'eau dans le voisinage, ils ont soin de creuser de grands étangs, où les hommes et les animaux peuvent se baigner et se désaltérer.

L'établissement de ces chauderies est non-seulement un principe de religion, il est même un moyen d'expiation. Toutes les personnes riches s'empressent d'en faire bâtir par-tout où elles jugent qu'elles peuvent être nécessaires. Un concussionnaire, un homme en place qui a abusé de son pouvoir, celui qui aura acquis de grandes richesses par des moyens illicites, croyent obtenir leur pardon en bâtissant des établissemens pareils. Faire du bien aux voyageurs, c'est se rendre agréable à la Divinité, et tel homme chargé de crimes, mourra tranquille et persuadé qu'il jouira d'une félicité éternelle dans le sein de Brama, s'il a construit deux ou trois chauderies. Le voisinage des grandes villes en offre de très-considérables, divisées en appartemens ou cellules, dans lesquelles chaque personne peut se loger seule, certaines même ont une maison contigue, mieux distribuée, à l'usage des gens de considération; mais, dans la campagne, ce n'est communément qu'un carré de pierre environné de murailles sur trois faces, le devant reste ouvert; et lorsque le bâtiment est grand, cette façade est ornée de deux ou trois colonnes pour soutenir le faîte.

Ces petites chauderies ont une particularité assez singulière, sur le motif de laquelle je n'ai pu obtenir aucun renseignement. L'intérieur de toutes, ou du moins de presque toutes, est revêtu de bas-reliefs du bas jusqu'en haut; les murailles, la voûte, les colonnes, le pavé, tout est couvert de ces grossières sculptures, représentant les objets les plus obscènes : ce sont des tableaux de la plus dégoûtante lubricité. Si la religion leur fait un précepte de bâtir de tels édifices, il est difficile de croire qu'elle leur prescrive une décoration aussi indécente.

Le dogme de Brama a des dissidens : les uns adorent Chiven ou le mauvais principe ; mais quelle que soit la secte qu'ils suivent, ils n'ont qu'une manière de rendre hommage à la Divinité. Coutume religieuses.

L'adorateur se prosterne et fait son offrande en silence ; les prêtres la reçoivent ; et lorsqu'il paye généreusement, on lui applique sur les bras et sur le front, de la poudre de couleur rouge ou blanche, noire ou jaune, quelquefois toutes les quatre. Leur position varie suivant la secte ; ceux du rite de Chiven portent trois raies en forme de trident placé debout ; d'autres les portent en travers, sans forme et jetées au hasard ; plusieurs n'ont qu'un placard de ce mastic, qui tient à l'aide de l'huile de coco dont au préalable on a frotté la peau ; aussi quelle que soit la blancheur de leur robe, quels que soient les soins qu'ils prennent pour se maintenir propres, il est impossible de se défendre d'un mouvement de dégoût en voyant un Malabar fraîchement enduit à sa pagode de tout ce mastic, que l'on dirait avoir été broyé sous la dent, et dont il a la face toute barbouillée; si l'on veut achever le tableau, qu'on se figure une bouche pleine de betel qui ne s'ouvre que pour paraître vomir le sang; c'est vraiment un spectacle hideux.

Si leur culte particulier est silencieux, leurs solennités sont très-bruyantes : presque tous les peuples ont admis le chant dans leurs cérémonies religieuses; quelques-uns y ont introduit la danse. Les chrétiens de la primitive église dansaient aux jours de fête, et les évêques eux-mêmes conduisaient le branle. Les juifs dansaient devant l'arche; ils avaient dansé devant le veau d'or.

Que la danse fût une particularité de leur culte qu'ils apportèrent d'Egypte, ou que cette petite nation si peu importante, qu'elle n'avait point d'usages à elle, ait emprunté de ses conquérans cette coutume dans ses captivités, toujours paraîtrait-il certain qu'à des tems très-reculés, la danse entrait dans les cérémonies religieuses de plusieurs peuples de l'Asie.

Cet usage a survécu dans l'Inde et dure encore aujourd'hui. Les danseuses que les Portugais ont nommé bayadères, sont entretenues aux frais de la pagode, et sont tenues de danser aux solennités : elles servent aussi aux plaisirs des chefs de la secte, qui en disposent à leur gré. Ces femmes ont obtenu une grande réputation par le récit qu'en ont fait les voyageurs, mais elles m'ont paru fort au-dessous de ce qu'on en dit. Il y en a d'assez jolies à la vérité ; mais leur danse n'a rien d'aussi engageant, d'aussi vo-

Bayadères.

luptueux qu'on l'a écrit; et leur toilette qui a fait grand bruit, est très-peu séduisante ; j'en excepte cependant l'usage de se peindre le tour des yeux d'un grand cercle noir. Quelque ridicule que cela paraisse ici, il ne laisse pas de faire un très-bon effet sur leur figure, et donne une incroyable vivacité à leur coup-d'œil. Du reste elles sont vêtues d'une draperie d'ourgandi, assez généralement de couleur rose, bleue ou brune, quelquefois brodée de quelques vignettes en or. Leur habillement est assez riche, mais sans goût ; et quoiqu'elles soient quelquefois mises d'une manière provoquante, elles manquent toujours de grâces. Leur tête est couverte de bijoux d'or ; leur nez porte un très-grand anneau, qu'elles sont obligées de déranger pour manger ; et leurs oreilles sont monstrueusement chargées d'une quantité incroyable d'anneaux de toute espèce. Quant à cette dernière parure, elles ont cela de commun avec toutes les Indiennes. Quand elles sont jeunes on leur perce les oreilles avec un emporte-pièce, et l'on introduit dans le trou un ressort qui tend toujours à l'agrandir ; ce qui leur dilate le cartilage, au point qu'il est ordinaire de voir des femmes dont les oreilles contiennent un ressort de bois dans la forme de celui d'une montre, et du diamètre d'un écu de six francs. Lorsqu'elles veulent prendre leurs atours, elles tirent ce ressort, et mettent en place, tout autant de bijoux que le trou de l'oreille peut en admettre. J'en ai vu de si prodigieusement chargées, que je suis étonné que le cartilage n'ait pas rompu ; je ne conçois pas comment il pouvait porter un poids aussi considérable.

Les bayadères jouissent d'une sorte de considération et de quelques honneurs parmi la multitude. Quant à la préséance qu'elles obtiennent, c'est seulement dans l'intérieur de la pagode, parce que leur ministère les fixe auprès de l'idole devant laquelle elles dansent.

Il s'en est trouvé quelques-unes qui, malgré la difficulté de parvenir jusqu'à elles, ont vivement excité les sens de certains Européens ; de là vient leur réputation de beauté. Quant à moi, je ne balance pas à les mettre fort au-dessous des Bramines : ces dernières sont d'une couleur bien plus blanche (car certaines bayadères sont toutes noires), elles sont d'ailleurs mieux conservées, plus fraîches, mieux en bon point, en un mot, elles m'ont paru désirables. Les bayadères au contraire ne m'ont jamais fait impression, même aidées du prestige de la danse. Au reste, comme tout ce qui vient de loin se présente toujours en merveilleux à l'imagination, il est bon de prévenir le lecteur, que si ce mot danseuse s'applique également aux saltimbanques de l'Inde et aux nymphes de l'Opéra de Paris, elles sont cependant bien loin de se ressembler, non-seulement pour les grâces, non-seulement pour le talent, mais encore pour le genre de talent.

La danse de ces femmes est un mouvement cadencé, qu'elles exécutent au son d'un tambour qu'un Noir bat avec les doigts, et dont il accompagne une chanson qui paraîtrait barbare à des oreilles un peu délicates. La mesure se marque avec une petite cloche ou cymbale que tient dans sa main le maître de danse, ou du moins celui qui dirige cette espèce de balet, et dont il frappe le bord avec une autre cymbale pareille, ce qui produit un son vif et vibrant qui anime la danseuse, et donne de la précision à ses mouvemens. Du reste, point d'attitudes élégantes, elles ne forment aucuns pas, elles gesticulent beaucoup, et le mouvement des bras m'a paru seul réunir leurs soins et leur attention ; elles jouent quelquefois en dansant avec des poignards maures ; exercice auquel elles m'ont paru fort adroites. L'une d'elles qui passait pour très-habile fut mandée un soir chez le chef des Malabars, pour danser en ma présence : apparemment qu'on lui avait donné le mot, car elle parut prendre infiniment de plaisir à m'épouvanter de ses poignards, dont elle me présentait la pointe subitement en se retournant vivement toutes les fois qu'elle passait près de moi, s'arrêtant avec beaucoup de précision à un travers de doigt de ma poitrine. Ce mouvement était dirigé et précisé par un coup de la petite cymbale que le maître de danse faisait sonner à l'improviste à mon oreille, et qui ne manquait jamais de me faire tressaillir, au grand plaisir de la foule que ce spectacle attire ordinairement....

Les principales fêtes où les bayadères

dansent en public, sont : le jour de la chasse des dieux, celui de la fête du char, et celui de la fête de l'éléphant. (Voyez Sonnerat pour le détail de ces fêtes.) J'observerai seulement que la chasse des dieux ne se fait pas aujourd'hui avec autant de pompe qu'autrefois. Quant à celle du char, elle n'a encore rien perdu de son éclat. Cependant on peut remarquer que, quel que soit l'esprit de révolution qui paraît parcourir le globe et saper les opinions reçues; cet esprit, dis-je, quel qu'il soit, semble agir sur le fanatisme des Indiens. Jadis toutes les fêtes du char étaient marquées par la mort de quelqu'individu qui croyait mériter le ciel en se faisant écraser ou mutiler par les roues ou par les instrumens tranchans dont elles sont armées, opinion respectable, puisqu'elle tient à la religion. Mais quoiqu'ils soient toujours très-persuadés du bonheur dont jouissent dans l'autre monde ceux qui se dévouent à ce genre de mort, néanmoins le nombre des victimes est bien diminué, on n'en trouve plus guères qui veuillent acheter aussi cher leur félicité future; et si l'on en excepte la pagode de Jagrenat, la plus fameuse de toute l'Inde, où peut-être périt-il de cette manière tout au plus un dévot tous les ans, on n'en voit plus se jeter au-devant du char dans cette procession, ou s'il s'en jette quelqu'un, il a l'adresse d'esquiver la rencontre de la roue fatale, et s'en tire sain et sauf, ou du moins avec une légère blessure.

Faquirs.

On trouve bien dans l'Inde, une toute aussi grande quantité de faquirs qu'autrefois : ces gens là se dévouent toujours aux souffrances, mais le bonheur dans l'autre vie n'est pas ce qui les touche ; et il est probable qu'on n'en verrait pas autant, s'ils ne trouvaient dès cette vie, la récompense des supplices qu'ils s'imposent, dans l'étonnante considération dont ils jouissent, et dans les respects qu'on leur prodigue. Celui au contraire qui se dévoue à la mort, et qui va la chercher sous les roues d'un char sacré, doit attendre tout le prix de son tourment après son trépas, mais il n'en reçoit pas la plus légère partie pendant sa vie : cet appât est moins vif que celui des faquirs. La foi seule dans Brama peut faire des martyrs du char ; l'orgueil décide les autres et les soutient dans les souffrances qu'ils subissent ; il faut que cet orgueil soit bien vif, il faut, dis-je, que cette passion ait un empire bien puissant sur le cœur humain, pour leur faire supporter les tortures auxquelles ils se soumettent.

Parmi tous les exemples de ce genre qui m'ont frappé, celui qui m'a inspiré le plus profond sentiment d'horreur et de pitié pour le misérable qui en étoit l'objet, c'est le tourment de tenir constamment le poing fermé ; le faquir qui s'était dévoué à ce genre de supplice, avait la main percée par les ongles, qui ne cessant de croître malgré cette posture, avaient passé au travers du métacarpe, et ressortaient à l'extérieur entre les muscles qui font mouvoir les doigts. Qu'on juge de la durée d'une douleur pareille et de la constance de celui qui l'a soufferte.

Au reste, les prêtres sont très-grands jongleurs, et possèdent l'art d'en imposer merveilleusement au peuple. J'en ai vu un exemple près de Pondichéry à la fête du feu. J'ai vu une femme portant un enfant à la mamelle, parcourir deux fois nus pieds, un brâsier ardent, sans donner la plus légère marque de douleur. Ce brâsier avait plus de vingt pieds de longueur; elle marchait lentement, et ce qui prouve invinciblement la jonglerie des prêtres, c'est que les pieds de cette femme que j'eus la curiosité de visiter, ne portaient pas la plus légère marque de brûlure. Je n'ai point acquis la preuve que cette femme fût de moitié dans la fourberie du prêtre ; il serait possible qu'abusant de sa confiance, de sa simplicité et de sa crédulité, il eût trouvé le moyen de lui appliquer (sans qu'elle s'en doutât) sous les pieds quelques corps gras, dont la vertu était d'empêcher l'action du feu : mais qu'elle s'en doutât ou non, il est hors de doute qu'il avait employé un pareil moyen. Quant à la multitude, il n'y avait pas une ame, sans en excepter mon dobachi, que l'on regardait comme un esprit fort, qui ne fût persuadée que la vertu de la Divinité seule l'avait préservée des atteintes du feu. J'ignore si la chimie connait en Europe le secret de rendre la peau incombustible ; mais il est certain qu'il n'est pas renfermé dans les frontières de l'Inde, car je l'ai retrouvé sur la côte d'Afrique, dans les épreuves par le feu que l'on fait subir aux nègres Congos, accusés d'un crime dont il faut qu'ils se purgent. Les Gangas dirigent cette épreuve, dont on sort acquitté, ou sous laquelle on succombe à leur gré.

Jongleurs. Les prêtres ne sont pas les seuls jongleurs, il s'en faut beaucoup, je ne les crois pas même les plus habiles; leurs tours d'escamotage préparés de longue main, aidés d'ailleurs de la superstition, ont sur les autres un grand avantage, et doivent séduire bien plus aisément. Quant aux autres, rien n'égale leur dextérité; nos meilleurs joueurs de gobelets prendraient leurs leçons.

A des tours de subtilité comme celui de vomir du feu, des étoupes enflammées, et des quantités considérables d'épines, de paraître aspirer tous leurs intestins qu'on voit leur sortir par la bouche, et qu'ils semblent avaler de nouveau, et autres facéties semblables; à ces tours, dis-je, ils en font succéder de la plus grande force, et qui sont vraiment étonnans. Pour ceux-ci il n'y a point de prestige, point d'escamotage, point de subtilité, ce que l'on voit est bien vraiment ce que l'on croit voir. Parmi ces tours de force, il en est un qui dément toutes les lois de l'anatomie, et que les meilleurs chirurgiens révoquent en doute avant de le voir. J'en ai vu même n'y pouvoir pas croire après l'avoir vu, et se défier de leurs yeux.

Un Indien ayant le corps nu, comme tous les autres, sans mousseline autour de lui, sans draperie, rien en un mot qui puisse lui servir de gibecière et faciliter un escamotage; eh bien! ce Noir prend un sabre dont le tranchant et la pointe sont émoussés et arrondis, il le met dans sa bouche, et l'enfonce tout entier dans sa gorge et dans ses intestins.

J'en ai vu auxquels l'irritation momentanée que leur causait ce corps étranger, arrachait des larmes; d'autres auxquels cette irritation donnait des besoins de tousser, et qui ne pouvant les satisfaire, étaient contraints de retirer bien vîte cette lame pour ne pas étouffer. Enfin, lorsqu'elle est parvenue jusqu'où elle peut entrer, ce qui prend près de deux pieds, ils ajustent un petit pétard sur la poignée, y mettent le feu, et en supportent l'explosion : ils retirent alors ce fer qui sort tout enduit de l'humidité des intestins.

Je sais qu'un pareil fait sera regardé par le lecteur comme une fable à laquelle on ne doit pas ajouter foi; cela ne m'étonnera pas, car moi-même avant de l'avoir vu, j'ai refusé de le croire; mais enfin il a bien fallu me rendre à l'évidence, et ce tour de force est aujourd'hui si commun à Pondichéry, que parmi les voyageurs qui ont visité cette ville, il n'en est peut-être pas un qui ne l'ait vu.

Indépendamment de ces escamoteurs, ils ont encore des bateleurs qui font des sauts périlleux que les nôtres n'imiteraient pas : mais de tous leurs jongleurs les plus amusans, ce sont ceux qui passent pour avoir la vertu d'enchanter les serpens ; au moins en ont-ils le talent. L'Inde abonde en reptiles de toute espèce, mais sur-tout en couleuvres.

Les voyageurs qui ne sont pas assez naturalistes pour les classer, en distinguent trois espèces principales : 1°. la couleuvre-minute. C'est un petit serpent noir dont les annelures sont jaunes ; il se rencontre fréquemment dans les pâturages. L'humeur corrosive, contenue dans ses vésicules, est si âcre et si violente, qu'elle donne la mort presqu'instantanément ; l'opinion commune des vieilles femmes et de la multitude, est que l'on vit tout juste autant de minutes, après la morsure, que l'animal a d'annelures ; c'est de là que lui vient le nom de couleuvre-minute. Il est certain que

Couleuvres.

les ravages causés par le poison de ce serpent sont si vifs, que le meilleur alkali appliqué sur la blessure, au moment même de la morsure, peut à peine conserver la vie, et ne préserve jamais la partie mordue du marasme, de la langueur et de la paralysie. Les bézoards sont insuffisans contre le venin de la couleuvre-minute, ils ne parviennent même pas à retarder la mort.

Bézoards. Il est vrai que la plupart de ceux que l'on achète en ce pays sont faux ou du moins très-mauvais. Les Indiens ont le talent d'en fabriquer de parfaitement semblables aux bons, et il faut être très-connoisseur pour ne pas s'y méprendre. Les marchands de bézoards les apportent ordinairement à Pondichéry et à Madras, avec de gros scorpions dont ils se servent pour éprouver la pierre. Les meilleurs sont sans contredit ceux qui se trouvent dans la vessie de la gazelle, les marchands les disent tous provenus de cet animal ; ils se font piquer sur le doigt par un énorme scorpion noir, qu'ils irritent en le frappant sur le dos ; ils font saigner la piqûre en la pressant fortement, et y appliquent immédiatement le bézoard, font toutes les contorsions qui peuvent persuader le spectateur qu'ils souffrent beaucoup ; et au bout de quelques minutes, retirent la pierre, malgré son adhésion à la piqûre qui ne saigne plus, n'est ni enflée, ni baveuse, et dont ils sont déjà guéris. Si l'on saisit immédiatement le bézoard dont ils viennent de se servir, on peut être certain d'en avoir un très-bon ; mais il arrive souvent que, sous prétexte de le laver, ils l'escamotent et y substituent un calcul factice sans vertu.

Couleuvre.

La seconde espèce de couleuvre est celle nommée capelle du Portugais, *capella*, manteau ; elle se reconnaît à deux membranes des deux côtés de la tête. Dans l'état ordinaire, elles ne s'aperçoivent pas ; mais dès que la couleuvre s'irrite, ses deux membranes se déploient et la coëffent, ce qui lui donne un très-joli aspect : cette couleuvre est très-dangereuse, et sur-tout très-irascible ; mais l'alkali guérit radicalement sa morsure.

La troisième espèce est la couleuvre de maison ; cette espèce n'est du tout point dangereuse, point irascible ; elle se glisse dans le berceau des enfans, et n'occasionne jamais d'accidents ; cependant, on ne se défend point d'une certaine horreur lorsqu'on en découvre chez soi ; d'ailleurs, au premier coup-d'œil, on n'est pas certain que ce n'est point une capelle. Dès qu'un de ces reptiles se fait voir, le premier soin est donc de le détruire ; mais si l'on ne peut l'attraper, on envoie chercher l'enchanteur.

Cet homme arrive chargé de paniers,

dans lesquels il porte une grande quantité de serpens et de couleuvres de toute espèce ; ses jambes sont garnies d'une sorte d'anneaux qui jouent librement sur la cheville du pied. Ces anneaux sont coupés dans la moitié de leur épaisseur, et les deux parties sont creuses ; de sorte qu'à chaque coup de pied du charlatan, ces deux moitiés se choquent et rendent un son fort éclatant, pareil à celui d'un bassin que l'on frapperait avec des marteaux. Ils jouent d'une espèce d'instrument, nommé musette à bourdon, dont le sac se presse sous le bras ; cet instrument est très-bruyant, et parvient à étourdir tellement la couleuvre, qu'elle s'enivre et se laisse prendre facilement, ne cherchant qu'à dormir.

Le jongleur commence par faire danser celles qui sont dans ses paniers, mais il ne les découvre pas auparavant d'avoir joué quelque tems, pour commencer à les étourdir ; malgré cette précaution, les premières dont on ouvre les paniers, les capelles sur-tout, paraissent plus disposées à se fâcher qu'à danser; cependant, en les excitant, on les fait se redresser et menacer.

Cet homme se tient auprès d'elles, frappe souvent du pied pour les étourdir promptement. Cet état se remarque à l'immobilité de la couleuvre dont l'œil devient moins vif, et bientôt les balancemens de son corps, occasionnés par la stupeur que lui fait éprouver le bruit qui l'environne, lui donnent vraiment l'air de danser.

Celle que l'on veut attraper, attirée par le bruit, ne manque pas à sortir de son repaire; la vue de ses semblables la décide apparemment, car elle ne tarde pas à venir se ranger avec les autres; elle se redresse comme elles, et bientôt partage leur assoupissement.

Le jongleur alors lui met un panier

sur la tête, l'y enferme et l'emporte avec les autres, parmi lesquelles elle figure à son tour, et auxquelles elle ne cède pas en docilité ; quant à l'enchanteur, il ne demande pas d'autre récompense que l'animal qu'il emporte.

Il est rare que ceux qui vivent aux dépens de la crédulité des autres, n'importe en quels pays, ne mettent pas, dans toutes leurs actions, un air de merveilleux, moyen immanquable d'en imposer à la multitude ; c'est dans cet esprit que les enchanteurs des couleuvres persuadent à leurs spectateurs que quelques grains de riz suffisent pour détruire l'enchantement qu'ils prétendent opérer sur le reptile, leur faire courir le plus grand danger à eux-mêmes, et rendre leur instrument muet. Les Européens ne manquent guères de leur en jeter quelques grains: ils sont d'ordinaire très-alertes à saisir le moment où on leur fait cette niche ;

ils ne s'en aperçoivent pas plutôt qu'ils affectent de ne pouvoir plus tirer de son de leur musette et de tomber en syncope; les couleuvres qui n'entendent plus de bruit, sortent de leur étourdissement et cherchent à s'échapper. La frayeur fait aussitôt détaler la foule dont les plus intrépides cherchent à rappeler à lui-même le conjurateur; il ne s'aperçoit pas plutôt lui-même que ses couleuvres commencent à s'échapper, qu'il est le premier à reprendre ses sens. Cette comédie, au surplus, n'a point lieu quand on lui jette du riz à son insu, preuve évidente quc ce n'est que jonglerie.

Parure. Les Indiens ne font point usage de pommade pour leurs cheveux; mais comme nous, ils pensent qu'un corps gras contribue à leur conservation : en conséquence, ils se servent d'huile de coco. Les Malabars en emploient très-peu; la caste portugaise en fait un usage considérable. Lorsque cette huile est fraîche, elle n'a rien de désagréable. Mais comme ils ne mettent point de poudre, l'huile ne tarde pas à devenir rance, alors elle acquiert une odeur insupportable, les gens du pays s'y habituent : mais un étranger en est rebuté, et souvent des dames très-élégantes m'ont fait soulever le cœur, malgré leurs prétentions, et la haute opinion qu'elles avaient de leurs charmes. La politesse force à leur dissimuler ce dégoût, mais souvent j'ai abrégé mes visites pour fuir cette odeur cruelle qui me poursuivait par-tout. Un autre usage non moins désagréable pour les étrangers, et que l'habitude a converti en besoin pour les Indiens de toutes les castes et des deux sexes, c'est de mâcher du bétel.

Le bétel est un arbuste qui donne une feuille à-peu-près de la grandeur et de la figure de celle du mûrier, et à-peu-près du tissu de celle du lierre ; elle est, comme cette dernière, lisse et Bétel.

d'un verd-foncé d'un côté. Son parfum est très-fort, aromatique et mordant; son goût est âcre, violent, et ne pourrait se supporter seul. Pour l'adoucir on y mêle la noix d'arec et un peu de chaux, que l'on roule dans la feuille avant de la mâcher. Le résultat de tous ces ingrédiens, est que le bétel fait prodigieusement saliver, ce qui contraint les habitans de ce pays à tenir toujours près d'eux un vase pour cracher; il y a des maisons où il y en a jusques sur la table : la chaux leur dégarnit les dents, qu'elle ronge ainsi que les gencives, et l'arec leur teint la bouche d'une couleur de sang, hideuse à voir. Rien n'est plus dégoûtant qu'une bouche indienne; les dents noires déchaussées jusqu'à la racine, rongées et couvertes d'un tartre rouge, leur donnent un aspect d'autant plus révoltant, qu'ils paraissent toujours cracher le sang. L'arec teint de cette couleur tout ce qui les approche; leurs mouchoirs sur-tout inspirent la plus grande répugnance aux étrangers ; il faut un long séjour dans le pays pour s'y habituer.

Les arts et la mécanique sont encore dans l'enfance dans toute l'Inde. Point de machines, point de grands instrumens, aucune connaissance de l'hydraulique, à peine ont-ils les outils nécessaires pour les ouvrages qu'ils entreprennent. Le charpentier, le menuisier n'ont point d'établi, ils travaillent assis par terre, se servant du gros doigt du pied pour tenir leur pièce, qu'ils façonnent avec beaucoup de patience. Ils emploient peu la hâche, parce qu'elle les force à se tenir debout ; ils ne craignent pas d'attaquer la plus grosse pièce avec le ciseau, qu'ils peuvent conduire assis. Au reste, une mauvaise ligne, un ciseau, un marteau et une scie, complètent l'atelier d'un menuisier dans ce pays. Avec ces instrumens seuls, aidé de sa pa-

Machines.

Métiers.

tience, il parviendra à faire tous les ouvrages dont on lui donnera les modèles.

Les orfèvres ne sont pas mieux montés; on envoie chercher un ouvrier en or ou en argent quand on en a besoin. Il vient s'établir dans un coin de la cour : un marteau, une enclume, une mauvaise lime, une forge portative et un creuset, forment tout son attirail; avec cela il travaille toute une journée pour faire une bague, et réussira à faire beaucoup d'autres ouvrages qui ne demandent pas un très-grand dessin. Quant à ces derniers, il en est qu'ils n'entreprendraient pas. Nos chefs-d'œuvres d'Europe sont au-dessus de leurs forces, mais néanmoins ils en font à leur usage de très-considérables.

Le forgeron est à l'avenant, et n'est pas plus embarrassé pour tout forger. Il s'établit, n'importe où, y fait un petit trou en terre, et y met le feu; il y ajuste deux peaux de mouton bien cousues, et aboutissantes à un tuyau qui conduit le vent; la peau est ouverte à un bout et clouée sur deux morceaux de bois qui servent de manches; le forgeron assis devant son feu prend de chaque main les manches d'une peau, en aspirant il ouvre la main, et la referme en foulant; il souffle ainsi très-bien des deux mains, tandis que du pied il ajuste ou contretient sa pièce au feu : quand elle est chaude il cesse de souffler, et son enclume étant près de lui, sans se lever il forge ce qu'il veut: si la pièce qu'il chauffe est trop grosse pour deux soufflets, il en met quatre, il en mettra six, cela ne lui donne d'autre peine que d'avoir deux enfans pour les faire jouer. Ainsi un marteau, une enclume et deux peaux de mouton, voilà tout ce qu'il lui faut. Il entreprendra avec cela tout l'ouvrage d'une maison en construction.

Leurs sculpteurs ne sont pas autrement montés que leurs menuisiers, et rien n'est plus curieux que de les voir façonner leurs pièces sous le pied, avec beaucoup d'adresse.

Quant aux peintres, ils n'en ont que pour les toiles ; ils en étendent une pièce dans leur cour, et s'asseyent auprès, car dans tout, ils ne savent travailler qu'assis. Leurs outils consistent en un ou deux pinceaux de bois de bambou dont la pointe est écrasée, ce qui la réduit en fils assez gros. Avec ces mauvais pinceaux trempés dans de la couleur, contenue dans une espèce de cornet de bois, ils dessinent et peignent les belles indiennes, que nous pouvons à peine imiter en Europe. Ils tiennent leur pinceau entre le second doigt et l'index, comme ils font la plume quand ils écrivent ; mais dans ce talent ici, leur patience ne leur est pas fort nécessaire, car ils dessinent avec une promptitude admirable.

De tous leurs outils ou machines, le métier du tisserand est presque le seul qui se rapproche des nôtres ; il y en a dans Pondichéry sur nos modèles, mais dans les aldées ils sont bien plus simplifiés. Du reste, à cela près de la commodité de l'ouvrier et de la perfection de toutes les parties, leurs métiers ressemblent assez aux nôtres, et donnent les mêmes résultats. Rien n'est plus portatif ; et quand une famille déménage ou voyage, un enfant le prend dans ses bras tout démonté, portant ainsi la fortune de toute la maison.

Les cardeurs de coton sont les seuls dont l'instrument m'ait paru ingénieux. Le coton est la source de leurs richesses, Il n'est pas étonnant qu'ils aient donné quelques soins à la machine qui le met en état d'être filé. C'est un grand instrument dont la tête ressemble assez au manche de nos violons ; sur cet outil est fortement tendue une grosse corde de boyau, qu'ils font vibrer en la pinçant dans le coton, qu'elle agite, chasse en l'air, divise et nettoie parfaitement.

Quant à leur rouet à filer, c'est absolument le nôtre, c'est-à-dire, le grand rouet dont nos paysannes se servent pour filer la laine. La supériorité de leur filature tient au talent de l'ouvrier.

Leur architecture n'est pas supérieure à leurs autres arts, relativement parlant. Les proportions en sont très-raccourcies. Sans avoir entré dans aucun détail à cet égard, il m'a semblé qu'ils avaient deux ordres, un très-gros et très-court, dont les moulures tiennent du toscan ; l'autre effilé, plus long, et qui se termine à un chou, non pas pareil à celui du corinthien, mais qui le remplace sans avoir ses grâces.

Quant à leur manière de bâtir de grands édifices, elle est assez extraordinaire : leurs maisons sont de briques, et pour celles-là ils emploient les procédés connus, ils échafaudent à l'ordinaire; mais lorsqu'ils ont des pagodes ou chauderies de granit à construire, et qu'ils ont des fardeaux lourds à élever jusqu'au haut, ils emploient un procédé tout différent; ils sont dépourvus de palangs, de mâts et de grues, en un mot de tous les instrumens qui multiplient les forces; ils y suppléent assez ingénieusement. Ils élèvent les fondemens à l'ordinaire, et la première assise de pierre étant élevée au-dessus du terrein, ils amassent de la terre, et la foulent auprès, en lui donnant du talus en-dehors. Pour placer la seconde assise, ils enroulent les pierres sur ce talus, et les font arriver ainsi de plain-pied à leur place; ils rapportent encore des terres, augmentent leur talus, et répètent cette opération pour toutes les assises, continuant ainsi jusqu'au faîte; de sorte qu'un édifice pareil étant achevé, se trouve enterré et ne ressemble pas mal à un monticule en talus sur tous les côtés ; lorsque tout est fini, ils enlèvent la terre, et le bâtiment reste debout.

L'intérieur de leurs maisons opulentes est revêtu d'une espèce de mastic qu'ils nomment stuc. Cette composition imite parfaitement le marbre, et lorsqu'elle est bien faite, elle acquiert une dureté et un poli si parfait, que si elle n'est pas exposée aux injures de l'air, elle dure vingt ans et au-delà ; sa composition est de chaux tamisée, faute de plâtre, de sucre, de l'huile et des blancs d'œufs.

L'atelier des cordonniers est le mieux monté, ils ont une assez grande quantité d'instrumens ; mais ils ne cousent pas le cuir comme nous, ils se servent d'un petit outil tout-à-fait semblable au crochet dont se servent les brodeurs en Europe ; ils ont un fil qui passe ainsi d'un côté à l'autre de la semelle, mais ce n'est que le double de ce fil qui passe et non l'extrémité ; dans ce double ils font passer un second fil sur lequel le premier se serre : cette manière de coudre va très-vîte, aussi sont-ils fort expéditifs. Un ouvrier prend mesure d'une paire de souliers le matin, va tuer un cabri, l'écorche, tanne la peau dont il doit les faire, et l'après-midi les apporte très-bien faits quant à la forme et au coup-d'œil. On conçoit que cette manière de tanner est très-imparfaite, le procédé est très-astringent, mais le cuir, à la couleur près, n'est guère qu'un cuir verd. Leur manière de prendre mesure est de saisir le pied dans la main, il leur suffit de le palper pour faire un soulier qui entrera librement, n'incommodera nullement, et cependant collera très-bien; mais les matériaux dont ils sont faits sont détestables. Le premier inconvénient est que le cuir est fraîchement tanné; il est humide et flexible quand on essaie le soulier, mais il ne tarde pas à durcir comme du parchemin (il est ici question de souliers de pacotille). Le second inconvénient est d'être cousu avec du coton, ce qui fait que si l'on met fortuitement le pied dans l'eau, à l'instant le fil manque, et le pied passe au travers du soulier ; si on a le bonheur d'éviter l'eau et que le coton soit assez bon pour résister un ou deux jours, le cuir de l'empeigne cédera au premier coup de pied ; aussi lorsqu'on va au bal, si on ne peut se procurer des souliers d'Europe, on en porte ordinairement une couple de paires avec soi. Cependant pour éviter un pareil inconvénient, les habitans de Pondichéry font venir du fil d'Europe, et le font substituer au coton ; par ce moyen les souliers, quand ils sont faits avec soin, durent plus long-tems.

Machines. La principale culture de l'Inde a le ris pour objet. On y cultive peu de froment, et ce peu est destiné pour l'usage des Européens. Quant aux Indiens, y compris même la caste portugaise, tous se nourrissent de riz, au moyen de quoi n'ayant que fort peu de grains à moudre, ils n'ont pas besoin de moulin : ils pourraient bien en faire à vent, mais ils sont fort heureux de pouvoir s'en passer, car les calmes ou les coups de vent les réduiraient à l'inactivité pendant une partie de l'année ; et quant aux moulins à eau, le pays est si plat, que les eaux n'ont point de cours, ou du moins si peu, qu'on trouverait difficilement le moyen de leur donner assez de chute pour mettre les roues en mouvement. Cependant ils réduisent le grain en farine avec des meules à bras. La population est si considérable, les moyens d'industrie si peu nombreux, par conséquent l'œuvre de main à si bon marché, que l'usage de faire tout sans machines cesse d'être un inconvénient. Il est vrai qu'ils ne peuvent jamais appliquer de grandes forces, mais je les ai vus y suppléer dans leur marine par des moyens très-ingénieux et aussi simples que celui dont j'ai parlé pour leurs édifices.

Ils connaissent une espèce de moulin dont ils se servent pour extraire l'huile de coco. Tout imparfaite que soit cette machine, elle leur donne cependant les mêmes résultats qu'une meilleure. Quelques Européens ont voulu leur donner des modèles. M. Beggle à Madras avait construit un très-grand moulin que plusieurs bœufs mettaient en action; cette machine faisait mouvoir plusieurs roues, gagnait prodigieusement de vitesse sur les moulins du pays, et donnait des résultats bien plus considérables. Les Noirs venaient l'examiner et l'admirer, néanmoins ils ont persisté dans l'usage des leurs, et la raison m'en a paru sensible. Pour fabriquer une pareille machine il fallait un grand assemblage de matériaux, et une forte dépense; la première mise était trop haute pour un Indien, cela demandait d'ailleurs une trop grande quantité de bœufs, et de bras pour le service ; l'homme riche qui aurait pu faire cette spéculation, la regardait comme au-dessous de lui, ne voulait s'occuper que du commerce des toiles et de l'agio des monnaies. L'homme du peuple qui se dévoue à ce genre de travail, n'a besoin que de deux bœufs, et souvent d'un seul. Son moulin consiste en un grand vase, dans lequel un pivot, mis en mouvement par une flèche sur laquelle les bœufs sont attelés, presse le coco, et en extrait l'huile. Cette machine est établie en plein air : il ne lui faut ni maison, ni domestiques ; lui seul placé entre ses deux bœufs les conduit au pas, et travaille tout juste autant qu'il faut pour subsister. Moulins.

Au reste, l'extraction de l'huile de coco est le seul ouvrage qui exige un moulin. Ils ne battent leur ris ni en grange, ni dans une aire. Un homme assis sur ses talons prend une poignée de paille de la main gauche, le pose sur un morceau de bois placé sur la terre en travers devant lui, et la bat de la main droite avec une espèce de maillet. Quelque quantité qu'ils aient à battre, ils n'emploient pas d'autre procédé, ils multiplient seulement les bras. Lorsque le grain est dégagé de son enveloppe et qu'ils veulent le cuire, ils le jettent dans un grand mortier fait d'un tronc d'arbre creusé en forme de cône renversé, il peut en contenir une vingtaine de livres et plus, ils le pilent avec un grand bâton pendant une ou plusieurs heures. Ce travail qui les tient débout les fatigue beaucoup; après cette opération, le froissement a tellement nettoyé le ris, qu'il est prêt à vanner et à laver pour le mettre sur le feu.

Culture.

Leurs terres se cultivent à la charrue : celles qui sont assez voisines d'une source d'eau, sont destinées à la culture du ris, afin de pouvoir être submergées à volonté. Le champ se divise en petits compartimens, comme un marais salant en Europe; les digues sont d'un pied d'élévation et destinées à retenir l'eau sur la terre. On sait que l'humidité combinée avec la chaleur produit la végétation, et il paraît que le riz demande beaucoup d'eau pour se développer promptement. Je sais qu'il y a du riz de montagne : il est vraisemblable que l'eau n'est pas aussi essentiellement nécessaire à l'accélération de sa croissance, mais il passe pour être malfaisant et pour occasionner des dissenteries. Le riz de plaine doit toujours être recouvert de six pouces d'eau, dans laquelle il grandit. Le champ ne s'égoutte que lorsque le grain approche de sa maturité. Ici le génie des Indiens se manifeste dans la manière d'arroser leurs terres. Dépourvus de machines hydrauliques et de moyens d'user de grandes forces mécaniques, ils se servent d'un instrument qu'ils appellent picote, ou

Arrosement.

du moins que les Européens ont ainsi nommé.

Le sol de la plaine de la presqu'île de l'Inde n'est point encore desséché complètement, sa surface seule est entièrement dégagée de l'élément qui jadis la domina. Mais ce terrein ne repose pas sur un fond solide ; et pour peu que l'on creuse, on retrouve l'eau qui n'a pu encore s'écouler dans le trop petit nombre de siècles qui ont succédé à sa retraite de la superficie. Presque par-tout la filtration au travers des terres, et le renouvellement que lui apportent les pluies et les torrens qui se précipitent des montagnes dans la saison pluvieuse, lui ont fait déposer les parties salines et bitumineuses qu'elle contenait, ce qui la rend potable dans beaucoup d'endroits ; cependant elle est saumâtre dans plusieurs cantons. Il suffit donc de creuser dans le coin d'un champ, pour y faire un puits propre à l'arrosement. Près de ce puits on plante un poteau d'à-peu-près quinze ou dix-huit pieds de haut, qui sert de point d'appui à un grand levier long d'un quart en sus du poteau, et porté par un axe à-peu-près au quart de sa longueur. Le gros bout destiné à basculer est chargé d'un poids suffisant pour obtenir cet effet. A la petite extrémité on suspend une perche égale en longueur à la profondeur du puits. Au bout de cette perche s'ajuste un vaste chaudron ou panier contenant à-peu-près une demi-barrique, plus ou moins. Un Noir sur le bord du trou fait plonger cette espèce de seau; quand il est rempli; un autre Noir monté sur le levier, marche vers le gros bout, et son poids ajouté à celui de la bascule, enlève l'eau, et l'apporte au bord du puits, où le premier Noir n'a que la peine de la vuider dans un canal ajusté pour la recevoir, et qui la conduit dans les compartimens du champ préparé pour cet effet.

Cette opération se fait très-vivement matin et soir, au son d'une chanson qui charme l'ennui et la fatigue de cette besogne. Une picote peut fournir cinq barriques à la minute, lorsque les Noirs veulent la faire jouer avec activité; il est certain que peu de machines donneraient autant d'eau avec aussi peu de dépenses et de moyens pour la faire mouvoir.

Les Indiens sont en général sobres et paresseux; peu de choses suffisent à leurs besoins, et ces besoins une fois satisfaits, rien ne peut les porter à travailler au-delà; d'après cela toutefois qu'un homme du peuple possède deux roupies, il a dès-lors la possibilité d'acquérir un sac de ris, et ne travaille plus tandis que cette provision dure. Au surplus, les collecteurs des taxes mettent bon ordre à ce que cette paresse ne trouve pas chez eux d'aliment. Les exactions de ces employés du gouvernement, parsont tout ce qu'on en peut dire. Les malheureux habitans ont de la peine à réunir trois ou quatre roupies sans que les autres le sachent, et viennent les leur extorquer.

Les autres cultures auxquelles les Indiens s'adonnent, sont le coton et l'indigo ; le premier est le petit coton des Antilles, ils le cultivent et le recueillent comme par-tout ailleurs ; mais pour l'indigo, leur moyen de le macérer et de le précipiter, est tout-à-fait différent des procédés employés ailleurs. On n'y rencontre point de ces grands établissemens que l'on voit dans nos îles, point de cuves pour battre ni pour macérer à-la-fois une grande quantité d'herbes. L'ouvrier qui a besoin d'un peu d'indigo, le macère et le bat dans un pot ; cette opération est d'une lenteur qui lui donne lieu d'exercer sa patience, et que ne pourrait pas admettre la manutention d'une grande fabrique. Assez ordinairement ils le laissent se précipiter de lui-même, et si l'eau n'est pas suffisamment battue pour bien détacher les particules de l'indigo qui se précipiteraient alors difficilement, ils l'accélèrent avec la chaux ; procédé ordinaire de Cayenne, d'où il a passé à l'Ile de France."

Aux cultures que nous venons de nommer, les Indiens ajoutent celle des cocotiers. J'ai dit ailleurs que cet arbre était le présent le plus précieux que la nature ait fait à l'homme ; ainsi, je n'expliquerai pas ici tous les avantages qu'on en retire, ni de quel usage sont ses fruits, leur bourre, ses feuilles et son bois : j'ajouterai seulement qu'il fait la fortune de ceux qui en possèdent dans le voisinage des villes de l'Inde. Tel homme qui possède un petit jardin planté de trois cents pieds de cocotier, ce qui ne comporte pas un grand terrein, eu égard à la petite distance où on les plante les uns des autres, cet homme, dis-je, en retire un revenu suffisant pour n'avoir pas besoin d'autre chose. Cent pieds de cocotier seront dans ce cas destinés à donner du calou ou vin de palme ; les autres donneront du fruit dont on extraira de l'huile, et dont la bourre se vendra pour la marine. Une pareille propriété produirait au-delà de mille roupies par an à Pondichéry, somme exorbitante pour un Indien. On peut juger du prix de la vie dans cette ville par celui des auberges et des pensions ; il y a de ces dernières à trente roupies par mois, dans lesquelles on vit avec luxe, encore ont-elles considérablement augmenté pour s'élever aussi haut : elles coûtaient moins avant la guerre. On conçoit combien une maison particulière a d'avantages en économie sur de pareilles tables.

L'extraction du calou, ou vin de palme, se fait comme à la côte d'Afrique : c'est toujours par une blessure que l'on fait à une des principales Calou.

branches, que coule la sève nommée dans l'Inde calou ; mais la manière de monter sur l'arbre est toute différente. Le Noir chargé de ce travail passe les deux pieds dans un anneau de corde qui peut avoir six pouces de long. Cet anneau sert à contretenir ses pieds, qui par ce moyen ne peuvent plus s'écarter l'un de l'autre, et qui ne pouvant non plus glisser sur le tronc raboteux de l'arbre, lui servent de point d'appui certain, sur lequel il s'élève en l'embrassant des deux bras, et montant ainsi de six pouces en six pouces jusqu'en haut.

Fruits. Les fruits ordinaires de l'Inde sont la banane, le pisang, l'orange douce et amère, le citron, le pamplemousse, l'ananas, la mangue, une espèce surtout de cette dernière qui croît à Valour et qui est d'une grande délicatesse ; la pomme canelle, autrement nommée atte ; le jam rosa, le letchi, le mangoustan et le sarangoustan : on com-

aussi à trouver à Madras du fruit à pain. Tous ceux que je viens de nommer sont assez connus pour n'avoir pas besoin de description.

Les légumes d'Europe y réussissent assez bien. Parmi ceux qui appartiennent au climat, les principaux sont la brette et l'ignam. La brette est un légume qui ressemble à l'épinard et qui en tient lieu dans la cuisine ; elle est très-amère et demande de l'assaisonnement. Les Indiens en font grand usage dans leur cari. L'igname est une racine farineuse d'une grande saveur, on la mange en guise de pain. Légumes.

Je ne dirai rien de l'ornithologie de l'Inde. Sonnerat l'a parfaitement fait connaître. Quant aux animaux, j'observerai que l'éléphant n'est point encore bien connu en Europe. Quel que soit le respect profond que j'aie pour M. de Buffon, néanmoins je ne peux mettre sur le compte de la pudeur de cet animal, le défaut de multiplier Éléphant.

cation de l'espèce en captivité, l'éléphant, dans cet état, ne se refuse pas à l'amour, il n'est pas même besoin qu'il soit en rut pour rechercher sa femelle, qu'il caresse beaucoup. La verge est dirigée en avant comme dans les quadrupèdes; il la contracte dans un étui, comme le cheval. Il est vraiment rare qu'il produise dans l'esclavage; mais cependant, cela n'est point sans exemple. Je puis assurer avoir vu un petit nouvellement né au Bengale; il était si jeune qu'on était obligé de lui mettre du riz bouilli dans la bouche, autrement il n'aurait pu rien manger seul. Au surplus, quand ce que j'avance contrarierait les observations que l'on est à même de faire aujourd'hui en Europe, où l'on possède mâle et femelle, il ne faudrait pas se hâter de me condamner, parce que certainement les mœurs d'un animal, resserré avec une femelle dans une cage, ne sont point les mêmes que celles qu'il doit avoir dans sa patrie, où il jouit presque de sa liberté, dans les grands parcs où on le tient parmi une multitude de ses semblables. A peine s'y ressent-il de son esclavage.

L'éléphant n'est pas aussi lourd qu'on l'en accuse, et l'exercice peut lui donner un très-grand degré d'agilité; j'en ai vu sauter et caracoller avec beaucoup de légèreté. Tout ce que l'on a dit au surplus de sa sagacité, m'a paru parfaitement vrai; je ne rapporterai point en preuve tous les faits très-connus que l'on a déjà cités. L'usage de cet animal est devenu très-commun dans l'Inde; quoiqu'il soit fort cher et que son entretien soit coûteux, il est peu de personnes riches qui n'en aient plusieurs; on en a pour porter des fardeaux, pour la promenade, pour la chasse et pour la guerre. Ces derniers sont très-aguéris, et montrent souvent plus de courage que bien des hommes. Ceux qui sont dressés pour la chasse ne servent guères que contre les tigres ; j'en parlerai à l'article du Bengale.

Vérole. A. Parmi toutes les maladies auxquelles les Indiens sont sujets, la vérole n'est pas une des moindres. On ignore à qui ils sont redevables de ce fatal présent ; mais elle s'y est tellement naturalisée, que, si l'on en excepte les Brames, toutes les autres castes en sont infectées. Elle s'étend jusqu'aux chiens, dont la plupart sont couverts des marques de ce venin. Les gonorrhées sur-tout s'y sont tellement propagées, qu'il est peu de personnes qui n'en soient attaquées : il semblait que la nature prévît qu'elle s'identifierait au climat, et qu'elle y acquerrait un degré d'opiniâtreté, dont les remèdes de l'Europe ne pourraient triompher, car elle a placé sous la main des naturels un remède efficace qui vient à bout des plus rebelles ; c'est la racine de *cunnient*. L'usage de ce remède n'est pas aussi général qu'il devrait l'être, attendu que cette maladie est devenue nécessaire à la santé. Comme dépurative, elle prévient les maladies putrides qui sont assez communes dans ce pays, ainsi que l'inflammation des intestins.

Une maladie non moins commune, non moins dépurative, et qui produirait des effets non moins salutaires, c'est la gale; mais elle est sujette à un désagrément que la première n'a point, c'est celui de se voir. Les gens du pays disent ordinairement que l'amour et la gale ne peuvent se cacher; en conséquence, ils préfèrent la gonorrhée qui leur tient lieu d'un cautère toujours ouvert, auquel ils doivent leur santé.

Révolution.

A l'époque où je me trouvais à Pondichéry, cette ville pouvait contenir de quatre cent cinquante à cinq cents Européens tout au plus. Une si petite population devant produire peu d'intérêts divers, ou du moins peu d'intérêts contraires, la colonie avait lieu d'espérer qu'elle ne se ressentirait pas des commotions dont l'Europe était bouleversée; cependant, la révolution s'annonça d'abord avec tous les symptômes qui caractérisaient le jacobinisme en France; et si son explosion ne fut pas fatale à la moitié des habitans, on en fut redevable à la fermeté du chevalier de Fresne, alors gouverneur de la place. Le détachement qui composait sa garnison était encore soumis à la plus exacte discipline, et il est à croire que le zèle infatigable de cet officier eût préservé la colonie des troubles qui l'ont depuis agitée, si dans les vues de fortifier cette place, la France n'y eût fait passer un bataillon d'infanterie que suivirent bientôt des commissaires. L'un d'eux, commissaire de la marine, ne put, malgré ses vues conciliantes, empêcher l'établissement des formes révolutionaires qui forcèrent le chevalier de Fresne à se retirer; et son départ livra la place au sort qu'elle a subi depuis. Quelque tems auparavant, lord Cornwalis avait conclu avec Tipou cette fameuse paix par laquelle la Compagnie anglaise gagnait la moitié du territoire de ce prince. Tranquille alors au milieu de ses possessions, elle voyait ses rivaux sans pouvoir, et jouissait sans crainte du fruit de ses conquêtes.

Elle était cependant sur un cratère dont l'explosion dépendait de la conduite même de ses ennemis. Le traité qui devait saper sa puissance, fut médité et rédigé; mais les événemens n'ont pas permis de le mettre à exécution. Ainsi, par une fatalité inconcevable, le sort semble toujours la destiner à triompher. Tipou.

Le bruit de la révolution française était déjà parvenu à la cour de Tipou. Ce prince pensa qu'un nouvel ordre de choses pourrait amener en France un changement en sa faveur, et réchauffer des alliés qui l'avaient déjà abandonné ; il plana dès-lors des démarches, dont les conséquences viennent d'achever sa ruine.

Tipou-Sultan.

Dans un des mouvemens qu'il fit avant que lord Cornwalis vînt du Bengale pour le combattre, il s'approcha de Pondichéry, et campa sur le coteau qui en est voisin. La politique ne permettant pas au gouverneur français de violer la neutralité en le recevant dans la ville, ce prince le pria de lui envoyer M. L..., intendant de la place. Cet officier était un commissaire de la marine, auquel une longue étude avait rendu la langue maure très-familière, au moyen de laquelle il put entretenir le sultan sans interprête. Tipou s'ouvrit à lui avec confiance, et ce fut pour exécuter le plan qu'ils formèrent alors, que cet intendant partit deux mois après sur la frégate la Thétis, pour venir solliciter auprès du corps national une alliance plus étroite et des secours suffisans pour mettre ce prince en état de résister plus efficacement aux armées de la Compagnie anglaise.

Flatté d'une mission aussi importante, et jaloux de revenir auprès du sultan en qualité de plénipotentiaire, le commissaire français se dissimula l'incertitude du succès, et se persuada de réussir.

Il n'eut pas de peine à faire passer dans l'ame d'un prince malheureux et sans alliés, tout l'espoir dont il était animé lui-même. Ce fut cette fatale confiance qui porta Tipou à faire des sacrifices à la paix qu'il conclut quelque tems après avec lord Cornwallis, dans l'espoir de s'en dédommager bientôt, et de recouvrer ses avantages aussitôt que son traité serait ratifié. La France, trop occupée alors de ses propres intérêts pour songer à ceux de l'Inde, différa pour un moment l'alliance dont s'était flatté Tipou. Ce n'est que depuis, lorsque la prospérité de ses armes au-dehors lui permit de jeter les yeux sur les intérêts de ce prince, que le directoire français, ayant retrouvé l'ébauche du traité projeté près de Pondichéry, lui laissa concevoir quelque espoir, en vertu duquel cet infortuné nabab se permit enfin la dernière levée de bouclier qui vient de renverser son trône.

Si les troubles de l'Europe ne s'étaient pas opposés à l'étroite alliance que demandait ce prince, et n'avaient pas empêché la France de faire passer à Pondichéry les forces qu'il sollicitait, il est probable que sa chûte n'eût pas eu lieu. Les Français auraient encore un allié et un pied-à-terre dans l'Inde, pour y rétablir leur commerce dans des tems plus tranquilles ; ainsi, la mort de Tipou, et l'expulsion de sa famille du trône que son père avait conquis, sont de nouveaux malheurs à ajouter à tous ceux que la France a éprouvés.

Siége de Pondichéry.

Enfin, la destruction de la monarchie ayant amené la guerre entre le nouveau gouvernement et l'Angleterre, tous les établissemens français dans l'Inde tombèrent en son pouvoir. Pondichéry seul fit résistance. Le colonel Braithwaith s'en empara après vingt jours de tranchée ouverte; la garnison consistait alors en un bataillon de troupes européennes, sous le nom de bataillon de l'Inde, composé de [illegible] de cent hommes; reste de ce qui [illegible] lors de l'évacuation, deux cents hommes [illegible] du [illegible], ils pouvaient être [illegible] cent [illegible] quatre cents hommes [illegible], venus de l'Orient sur le navire le [illegible] de [illegible], qui [illegible] de l'Inde [illegible] nouvellement [illegible], tous les [illegible] du désordre et de l'insubordination. Le reste de la garnison consistait en un bataillon de pareille force de Cypahis; plus, les habitans qui pouvaient tout au plus former deux cents hommes portant les armes, et qu'on équipa en cavalerie; en outre, un détachement d'artillerie pouvant monter à soixante hommes, en y comprenant les Caffres qui y étaient attachés. Ainsi, la force totale des assiégés s'élevait à peine cent soixante hommes, dont moitié de couleur, qui tinrent quinze jours derrière un fossé et un éboulement, et défendirent deux attaques contre une armée munie de tout ce qui pouvait assurer ses succès.

Si Pondichéry fut la seule place qui se défendît (ce n'était la seule qui pût le faire), Yanaon voulut au moins montrer le desir d'en faire autant.

Yanaon.

M. Sonnerat, l'estimable auteur de l'ouvrage sur les Religions de l'Inde, commandait pour le roi dans cette aldée; les troubles de la révolution n'épargnèrent pas même ce petit coin de terre, et l'on vit avec étonnement six maisons de commerce, faisant toute la population européenne de ce village oublier leurs affaires pour n'écouter que leurs dissentions, et déposer leur commandant. Cependant M. Sonnerat se remit en possession de son autorité, et le gouverneur de Pondichéry ayant jugé à propos de lui accorder un détachement de six soldats de couleur, il acheta deux canonniers, au moyen de quoi il se maintint jusqu'à la guerre. Alors voulant joindre une branche de laurier à la couronne qu'il s'étoit déjà acquise par ses excellentes observations comme naturaliste, il se décida à montrer sa force pour se mettre en défense. Cette attitude assez risible en imposa cependant au chef anglais Yeats qui l'avoit investi, et qui finit par lui accorder une capitulation. Il ne rendit ce misérable village qu'avec les honneurs de la guerre, et les négocians qui y étaient établis, lui durent des conditions qui assurèrent et leurs fortunes et leur commerce.

Ainsi croula cet édifice dont les Dupleix, les Labourdonnaie avaient posé les fondemens, et dont le faîte avait d'abord paru devoir s'élever dans les nues. Hélas ! à peine sortit-il de terre où cette dernière catastrophe l'a fait rentrer peut-être pour toujours.

Projet sur l'île de France.

Non contente d'avoir entièrement expulsé les Français de toute l'Inde, la Compagnie anglaise crut n'avoir rien fait, si elle ne s'emparait des îles de France et de Bourbon, seules possessions qui leur restaient à l'est du cap de Bonne-Espérance, et d'où ils pouvaient sans cesse l'inquiéter.

Dix mille hommes furent destinés à cette conquête ; ils allaient partir lorsque la guerre se déclara entre le nizam de Golconde et la république des Marates. Tipoo voyant ses frontières en feu, arma à tout événement; et le gouvernement anglais ne crut pas devoir songer à une expédition lointaine, et se priver de dix mille hommes, quand ses voisins étaient sous les armes. Les forces furent contremandées, et l'on renonça pour le moment à toute expédition au-dehors.

L'administration de Madras commit alors heureusement une faute qui l'a mise depuis dans l'impuissance de songer à réduire les Iles de France et de Bourbon. Louis XVI avait dans les derniers momens de son règne jeté les yeux sur l'Inde; les variations journalières dans le ministère ayant mis en place quelqu'un qui ramena son attention sur les moyens de conserver Pondichéry et de rétablir cette place sur un pied militaire, sa majesté avait ordonné d'y faire passer un lieutenant-colonel du génie (M. de Feline) officier de talent, afin de préparer d'avance un plan de défense, et de prendre connaissance du pays dans lequel on le destinait à faire la guerre. Cet officier dépourvu d'argent et d'hommes, ne fit rien et fut pris avec la place : il demanda sa liberté sur parole de ne pas servir : on la lui accorda, et voilà la faute que fit le gouvernement anglais, il y joignit celle de le laisser partir pour l'Ile de France. Sa réputation l'y avait dévancé ; on se hâta de mettre en liberté un officier anglais de son grade, qui par hasard se trouvait prisonnier. Au moyen de cet échange, sa parole se trouvant dégagée, on le somma de mettre la colonie en état de défense ; il céda, et l'a rendue inexpugnable. La Compagnie anglaise n'a pas jugé depuis devoir en aventurer la conquête.

Splendeur de la Compagnie anglaise.

Ainsi l'événement a sauvé cette île, et les Français ont conservé cette importante ressource, qui peut dans leurs mains devenir le point de réunion des forces avec lesquelles ils tenteront de rentrer dans leurs possessions de l'Inde, opération plus difficile, pour ne pas dire impossible, aujourd'hui qu'ils n'ont ni alliés, ni point d'appui en débarquant. La Compagnie anglaise est devenue un colosse imposant, fort de sa masse, et dont le poids est difficile à ébranler : malheureusement cet édifice est élevé sur des ruines, et qui bâtit sur ruine doit s'attendre à manquer par la base. Quoi qu'il en soit, dans l'état actuel des choses, elle doit triompher de tous les efforts des Français, du moins pendant long-tems. Cette puissance, redoutable par sa force, sans ennemis actuels, sans rivaux, maîtresse de toute l'Inde, enrichie par un commerce immense, mais renfermant dans son sein un vice radical, une population qui lui est étrangère, continuera à s'élever, jusqu'à ce que faible de sa propre splendeur, trop lourde pour ses fondemens, elle succombera sous le faix de sa prospérité, et croulera sur elle-même. Si la France est sage, elle se contentera d'entretenir et de propager des germes de division et d'indépendance dans l'Inde, sans chercher à l'attaquer à force ouverte : c'est peut-être le seul moyen qui lui reste d'arracher cette partie du monde à sa rivale : elle n'en profitera pas, mais en politique on s'enrichit de tout ce qu'on fait perdre à ses ennemis.

J'ai interrompu l'ordre de mon voyage pour présenter tout d'un coup et de suite au lecteur, le tableau des événemens qui ont déterminé la chûte de la puissance française dans l'Inde ; je vais revenir à mon récit.

Possessions des Français

J'avais annoncé un coup-d'œil sur les possessions de la France sur les côtes de la presqu'isle ; j'ai rendu compte de Mahé, Karical et Pondichery, il nous reste à voir la loge de Mazulipatnam et Yanaon.

Mazulipatnam est une ville considérable dans laquelle la Compagnie anglaise entretient un conseil dépendant de la présidence de Madras, et dont le ressort s'étend vers le nord jusqu'aux frontières des quatre Sercars. Cette ville appartint jadis à la France, elle la perdit lors de ses désastres. Le gouvernement y avait conservé pour son commerce, une maison sur laquelle on lui laissa le vain privilége de faire flotter son pavillon ; prérogative que bientôt on lui disputa et qu'on finit par lui ravir. Mazulipatnam possède des manufactures de mouchoirs, qui furent jadis fameux, mais qui sont réduits au second rang depuis que Madras est parvenu à enlever les ateliers de Paliacate et à les fixer dans ses murs. Ils sont cependant encore recherchés pour la bonté de leurs couleurs. Les aldées voisines (Narpily sur-tout) en fournissent de très-estimés. La France participait à ce commerce par le moyen de la loge qu'elle y avait, et la présence d'un agent prévenait une partie des vexations que doivent toujours éprouver des étrangers que l'on redoute.

Plus loin vers le nord, Yanaon, petite possession enclavée dans le territoire anglais, était, ainsi que je l'ai dit, le centre du commerce des Français sur la côte de l'Inde. C'était le dernier débris de la puissance du marquis de Bussy : cet illustre aventurier ayant dans sa jeunesse, fait pour son compte la conquête des quatre Sercars, provinces du royaume de Golconde, en fit hommage à la France. Ce pays subit le sort des autres établissemens français, et passa sous la puissance anglaise qui depuis ce tems le possède, et le domine du haut des remparts de Visigapatnam, d'où elle réduit à l'inertie la colonie hollandaise de Biblipatnam qui

Yanaon. l'avoisine. Yanaon et son territoire situé sur les confins de l'extrémité méridionale de ces provinces, fut tout ce que la France put sauver à la paix. Les conquérans détruisirent, avant de le rendre, tout ce qui pouvait choquer leur orgueil, et en conséquence conduits par leur vandalisme ordinaire, renversèrent la maison de la Compagnie française, parce qu'elle surpassait en beauté celle du chef d'Ingeram, district anglais limitrophe.

Quant au marquis de Bussy, il vint languir en Europe, oublié sous les décorations dont on le revêtit, jusqu'à ce que la guerre de 1778 ayant fait naître le besoin d'un général pour commander dans l'Inde, tous les yeux se tournèrent sur lui : on se ressouvint des conquêtes de sa jeunesse, son nom seul parut devoir en imposer aux ennemis, et l'on se hâta de le faire reparaître sur le théâtre de sa gloire passée. Malheureusement il était parvenu à un âge auquel on n'est plus propre à rien ; il vint en qualité de généralissime des forces françaises, paralyser quelques troupes qui sous un chef plus actif n'auraient pas attendu l'ennemi dans les retranchemens de Goudeloure, et terminer sa longue carrière par une mort tranquille, à Pondichéry : laissant dans l'Inde la mémoire des victoires éclatantes de sa jeunesse, obscurcies par l'inactivité de sa vieillesse. Les Français lui érigèrent dans l'église des Capucins, un monument autour duquel son nom fixe encore la vénération des Indiens témoins de ses premiers succès.

Yanaon est posté très-avantageusement au confluent de la petite rivière de Coringui et du fleuve de Godwarin. Le fleuve, barré à son embouchure par des vases sur lesquelles la mer ne marne que de six ou sept pieds dans les grandes marées, ne peut admettre des vaisseaux tirant plus de huit à neuf pieds : encore faut-il un pilote très-expérimenté pour reconnaître un canal assez profond, au milieu des petits canaux dont ces vases sont coupées. La rivière est très-profonde en-dedans de la barre, et navigable très-loin; mais elle est peu fréquentée par les vaisseaux. Les bords en sont agréables, et quelques îles situées dans son cours, achèvent d'en rendre le coup-d'œil pittoresque. Ce fleuve est rapide et considérable; il est à Yanaon plus fort que la Garonne à Bordeaux. Je l'ai remonté jusqu'au-delà de Cota, et plus j'avançais, plus je le trouvais large et profond. La navigation intérieure de ce fleuve est fort peu de chose, car les Indiens sont trop paresseux pour développer une industrie un peu active.

La rivière de Coringui est un petit ruisseau que le fleuve a formé, et que l'on ne devrait regarder que comme une branche du Godwarin. Cette rivière prend naissance dans le fleuve à Yanaon même, et va se jeter dans la mer à un petit endroit nommé Coringui; ainsi son cours peut embrasser un espace d'à-peu-près trois lieues. Elle est grossie par les eaux de toutes les terres qu'elle traverse. Ce pays, de niveau, pour ainsi dire, avec la mer, est coupé d'une multitude de canaux profonds, qui le rendent impraticable. Toute la gauche, en descendant, n'est qu'un vaste marais, dont l'égoût vient grossir la rivière, et la rend assez forte près de son embouchure, pour admettre de gros vaisseaux. Les Anglais, maîtres des deux rives, ont quitté la gauche pour s'établir sur la droite; une partie des naturels les ayant suivis le vieux oringui n'est plus qu'un assemblage de trois ou quatre huttes autour de la pagode qui conserve encore toute sa réputation. Les traités avaient assuré à Yanaon la libre navigation de cette petite rivière pour communiquer avec la rade située à son embouchure, ce qui était d'une grande ressource aux négocians pour envoyer et recevoir leurs marchandises, qu'ils auraient, autrement, été forcés de faire naviguer sur le fleuve, avec infiniment plus de danger et perte de tems.

L'aldée d'Yanaon, son territoire, et une petite île située à son midi, peuvent contenir un terrein d'une lieue et demie carré. Ce petit espace est couvert d'une population de six mille Indiens : voilà la dernière possession des Français sur la côte. Nous venons de les voir toutes, la liste n'en est pas longue : on peut juger facilement du degré d'impuissance auquel ils étaient descendus. Voilà le fruit d'un mauvais système ; ils se sont opiniâtrés à suivre des plans mal conçus. Les vastes projets de Dupleix devaient les conduire à la gloire et à la fortune. On les a méprisés. L'ignorance et l'entêtement de ceux qui dirigeaient à la cour les affaires de l'Inde, ont induit le monarque en erreur. La prospérité de la France en Asie, était un objet si indifférent à Versailles, qu'on n'appela pas même des gens qui connussent nos possessions, lorsqu'on rédigea le traité de paix de 1783. La preuve en est claire. Ce traité

Fautes des Français.

contient (à l'égard de l'Inde) exactement les mêmes conditions et presque les mêmes termes que celui de la paix précédente, tandis que la supériorité que M. de Suffren avait acquise, mettait enfin la France dans le cas de réparer toutes ses pertes antérieures. Enfin ce qui prouve la profonde ignorance des rédacteurs du traité, sur le pays dont ils discutaient les intérêts, c'est qu'ils y commirent l'erreur de confondre le village de Vilnour avec celui de Valdaour. L'un possède un territoire considérable, l'autre un fort petit. On désirait le grand, on stipula le petit. Cette faute dont les conséquences ont été de nous faire perdre la moitié du territoire que nous aurions possédé sur la côte, est une des moindres que l'on ait commises. Nous pouvions exiger tout le midi de la presqu'île depuis Pondichéry, c'est-à-dire les places que les Anglais y possèdent, avec la même influence qu'ils ont sur les princes de ces petits états ; nous obtînmes à peine douze lieues carrées, tout compris. Nos démarches ont toutes été mal calculées ; l'Angleterre, au contraire, profitant de toutes nos fautes, suivant le systême sage et réfléchi que nous abandonnions, opposant la patience à notre pétulance, sachant perdre pour gagner, tandis que nous voulions recueillir avant de semer, a fait parvenir ses colonies de l'Inde à un degré de splendeur dont l'histoire n'offre pas d'exemple. . . . .

Je viens de tracer sommairement et impartialement le tableau de notre décadence dans la presqu'île de l'Inde. Je n'ai point dissimulé les fautes que nous y avons commises ; malheureusement, ce n'est pas la dernière fois que ma plume doit tracer l'esquisse de nos revers ; nous allons bientôt jeter un coup-d'œil sur le Bengale, et nous verrons que les Français n'y ont été ni plus heureux, ni plus habiles. . . . .

Départ de Pondichéry.

Mes affaires à Pondichéry étant terminées, je partis pour le Bengale; mais comme j'avais cassé un cable aux Sechelles, un autre à Pondichéry, il m'en fallait un neuf pour venir affronter les marées du Gange : malheureusement je ne pus me procurer ni cable, ni kaire, ni ouvriers; il fallut en recommander un à Madras, et je me déterminai à y mouiller en passant pour le prendre.

Madras.

Cette ville est une des trois capitales des Anglais dans l'Inde; le ressort de son conseil s'étend sur tout le territoire que la Compagnie possède à l'est des Gates sur la presqu'île, il est cependant soumis à celui de Calcuta, résidence du gouverneur-général.

Madras proprement dit est une très-grande ville environnée d'un fossé et d'une assez mauvaise muraille, menaçant ruine dans plusieurs endroits, mais suffisante pour s'opposer à un coup de main, ou à une attaque inopinée de cavalerie, ce qui n'est pas un petit avantage ; car en tems de guerre, les compagnies de cavalerie légère, que l'on nomme louti, sont bien les plus effrénés pillards de la terre, brûlant, saccageant sans pitié tout ce qu'ils rencontrent. Madras est à l'abri de leur barbarie, et en cas de siége, tout ce qui est de quelque valeur se renferme dans la citadelle nommée fort Saint-Georges.

Fort Saint-Georges.

Cette forteresse que j'ai mal examinée, est séparée de la ville par une esplanade en avant de son glacis : elle est située sur le bord de la mer, et présente six fronts du côté de la terre (autant que je puis m'en rappeler, mes notes n'en parlent pas). Ce fort a été bâti à différentes reprises, il est d'une grande irrégularité, non pas quant au polygone, mais quant aux fronts qui sont presque tous différens les uns des autres. Celui du nord-est sur la méthode italienne de Sardi. Vers le sud-ouest il y en a un sur celle du chevalier de Ville. Quelques bastions ont des flancs retirés, d'autres non; les flancs de ceux du nord, sont casematés. Ce côté est défendu par une forte contre-garde; les fossés sont excellens avec une cunette au milieu; le chemin couvert est bon, et contre-miné; mais j'ignore si les fourneaux s'étendent plus loin que la crête du glacis, et si les galeries s'étendent au loin. Du reste, il n'y a dans les fossés ni caponières, ni tenailles; tous les ouvrages sont parfaitement revêtus en briques et bien entretenus; le chemin couvert est palissadé et traversé avec soin; toutes les barrières des palissades sont fermées et tenues en bon état; les places d'armes spacieuses; en un mot, la citadelle de Madras bien défendue, tiendrait en Europe vingt jours de tranchée ouverte devant trente mille hommes. Comme cette place est destinée en cas de siége à donner retraite à tous les serviteurs de la Compagnie, il a fallu la remplir de maisons, ce qui lui donne l'apparence sombre et triste ; aussi les Anglais ne l'habitent-ils pas ; le gouverneur lui-même demeure à la campagne, et tout le monde en fait autant. Le matin on vient au fort pour ses affaires ; à trois heures on est reparti, et la place est déserte. La salle des spectacles est elle-même en pleine campagne ; de sorte que tout le pays aux environs de Madras, offre une multitude de jardins dans une fort grande étendue de terrein, qui ne permet pas de se visiter d'une extrémité à l'autre, si ce n'est à cheval ou en voiture. Les palanquins seraient insuffisans si l'on voulait aller dans plusieurs maisons, tant les distances sont grandes. Quelques-uns de ces jardins sont très-beaux, et les édifices en général somptueux.

La position du fort Saint-Georges, est tout aussi heureuse que celle de

Pondichéry; il est pareillement couvert du côté du midi par une rivière qui baigne l'extrémité de ses glacis. On la traverse sur un assez beau pont de briques. La partie de l'ouest est couverte par une inondation dont le fort est maître, au moyen d'une écluse située à la naissance du glacis, et défendue par le chemin couvert. La partie du nord est, ainsi qu'à Pondichéry, la seule qui soit attaquable.

Vieux fort. La puissance des Anglais dans l'Inde ne fut pas toujours soutenue par un pareil boulevard, cette place est inexpugnable pour des Indiens : mais il suffit de jeter les yeux sur le vieux fort, pour se faire une idée de la faiblesse de leur premier état sur cette côte, et des petits moyens sur lesquels ils fondèrent leur grandeur actuelle.

Cette première citadelle était un carré compris aujourd'hui dans l'intérieur du fort, et moins grand que la place d'armes actuelle; on l'a converti en une maison dans laquelle on a établi les bureaux de la Compagnie. Le fort Saint-Georges renferme en outre une église anglicane, nulle autre religion n'est soufferte dans la citadelle. On a bâti depuis peu un assez bel édifice, dont on se proposait de faire une bourse. La grande salle décorée des portraits de Lord Cornwalis, et du général Medew, mérite l'attention des voyageurs. Madras est déja monté au rang des grandes places, ses établissemens sont somptueux. Les courriers nommés tapal, sont très-bien servis; deux gazettes, une loterie nationale, une salle de spectacle, une salle de bal, la placent au niveau des villes où le luxe se déploie.

La ville Noire est ce qu'on appelle Madras, et même aujourd'hui les Indiens lui donnent le nom de Madras-Patnam. Cette addition de Patnam s'applique aux capitales, et si beaucoup de petites villes le portent, c'est qu'elles sont déchues de leur ancienne splendeur, ou que lorsqu'elles l'ont reçu, les Indiens peu habitués à en voir de plus grandes, le leur donnèrent d'après les idées relatives qu'ils en conçurent. Celle-ci n'est qu'un vaste cloaque, aucunes rues ne sont pavées, pas même sablées; le sol est composé d'une terre noire qui s'y délaye, elle y forme de vastes bourbiers qui répandent l'infection, et dans lesquels les voitures seules peuvent circuler librement.

Les Indiens connaissent des voitures qui leur sont particulières, et dont j'ai oublié de faire mention lorsque j'ai parlé de leurs machines : mais ces voitures ne sont pas perfectionnées, c'est tout uniment un diable dont les roues sont fort basses et sur l'essieu duquel on place une petite croix dont les extrémités reçoivent quatre petits montans qui supportent une impériale extrêmement bombée. Cette petite niche ouverte sur trois côtés et fermée par-derrière d'un simple morceau de toile, peut à peine admettre deux personnes. Une seule, y est passablement à l'aise, au moyen de quelques coussins sur lesquels elle s'assied, les jambes repliées sous elle. Cette voiture est attelée de deux bœufs et garnie d'une quantité de petites clochettes : elle est peu d'usage dans les villes ; mais les Indiens riches et de haute caste s'en servent pour voyager dans l'intérieur.

La population noire de Madras est très-considérable et surpasse celle de Pondichéry. Elle renferme plusieurs pagodes, quelques mosquées, une eglise arménienne, et une église portugaise desservie par des capucins. Ces derniers sont sous la juridiction spirituelle de l'évêque de Saint-Thomas, petit village à une lieue dans le sud du fort Saint-Georges. Cet évêque est suffragant de celui de Goa, ainsi que celui de Pondichéry, mais celui-ci est de la mission des jésuites français. L'évêque actuel de Saint-Thomas est un nègre, ou du moins un descendant de famille indienne alliée d'une portugaise ; il est né dans l'Inde, et son teint est celui d'un mulâtre. Cette préférence que l'évêque portugais, métropolitain de Goa, accorde aux prêtres de sa race, a fait introduire dans le culte catholique de cette mission, toutes les simagrées de l'idolâtrie indienne. Les jésuites français, et la paroisse de Pondichéry, sont les seules églises de l'Inde où la religion ait conservé la décence qu'elle doit avoir; les autres n'offrent dans leurs cérémonies que des comédies burlesques. Peut-être est-il nécessaire de parler aux yeux des Indiens pour leur faire plus d'impression. Cependant je n'ai pas vu que les jésuites qui ont conservé le ton simple et décent des cérémonies religieuses d'Europe, aient moins de prosélytes que les autres. Je me suis trouvé à Madras

Missions.

pendant la semaine sainte, et j'avoue que j'ai été choqué de voir avilir par des farces grossières, l'office majestueux de ces solennités. On joue dans l'église la tragédie de la mort de Jésus-Christ, et de la descente de croix. Des hommes vêtus à la turque vont à l'aide de grandes échelles, dépendre un grand cadavre très-bien sculpté, dont toutes les articulations sont à genouillères, ce qui les fait mouvoir si naturellement que j'ai vu des femmes se trouver mal à la vue d'un pareil spectacle. Les Noirs l'accompagnent ensuite au tombeau, avec le même bruit, les mêmes instrumens dont les Indiens se servent à la porte de leurs pagodes et dans leurs processions; ce qui ravale la religion catholique aux mêmes singeries que le culte des idolâtres.

Quelque nombreux que soient les Anglais sur la présidence de Madras, cependant ils ne composent que trois classes : les serviteurs civils de la Compagnie, les militaires et les négocians; mais le fond de la population est noir. On n'y connaît point de cultivateurs européens. Un seul homme, avocat par état, d'une imagination forte, entreprenant, capable d'affections fortes, et doué d'une persévérance qui pouvait passer pour entêtement, fait pour exécuter de grandes choses s'il avait été secondé, M. Popham mort à présent a le premier, et jusqu'ici le seul, donné l'exemple d'une plantation. De toutes les cultures dont le sol était susceptible, celle du coton lui parut avec raison celle qui convenait le mieux à la paresse indienne, le travail qu'elle exige demandant plus d'attention que de vigueur. En conséquence il a formé à deux lieues dans le nord de Madras, une très-belle cotonnerie qui lui a coûté beaucoup de dépenses et de soin; mais malgré l'ordre qu'il y a établi, malgré les moyens qu'il a pris pour se procurer un arrosement abondant, son habitation n'a-

Plantation.

vait point encore produit en 1794, un revenu qui répondît aux sommes qu'elle avait absorbées. Cependant si cet exemple était suivi, il est vraisemblable que ceux qui viendraient après lui, se corrigeant sur les fautes qu'il peut avoir commises, trouvant des Noirs un peu plus façonnés au travail, s'établiraient avec plus d'économie, et retireraient plus de profit. Soit que la méthode de M. Popham fût défectueuse, ou que le terrein se refusât à ses soins, j'ai trouvé les plans faibles, et son coton maigre et court. Au surplus il est à croire qu'il ne sera imité de personne, parce que les fonds des capitalistes leur rapportent davantage et avec moins de peine, en les employant en marchandises fabriquées. Il a d'ailleurs un désavantage marqué dans la concurrence des Noirs, qui recueillant leur coton avec infiniment peu de soins, l'abandonnant à la nature, et soumis à fort peu de besoins, par conséquent toujours contens de ce qu'ils en obtiennent, n'ayant fait aucunes avances qu'ils veuillent retirer, le fourniront toujours à meilleur marché que lui. De plus, son coton a un défaut : non seulement je l'ai trouvé naturellement court, mais il le rend tel encore plus, en le nettoyant au moulin. Dans un pays où les ouvriers sont à si bon marché, il serait préférable de le faire éplucher à la main, il ne se casserait pas comme il fait sous le cylindre, et se filerait mieux.

Filature de coton.

Le talent des Indiens pour filer, est connu; les belles toiles qui sortent de leurs mains en sont une preuve. Il y a du coton filé si fin, que le contact seul de l'air suffit pour le rompre, et lorsqu'ils le travaillent, c'est à la vapeur de l'eau bouillante; cette fumée humectant le fil, le rend plus liant et l'empêche de briser aussi promptement que lorsqu'il est sec.

Frappé de leur adresse, M. de Suffren en rapporta plusieurs familles dont il voulait faire une colonie sur l'île de Malthe, avec le projet d'enseigner aux habitans de cette île, le procédé des Indiens. Mais cette entreprise n'a pas rendu ce qu'il avait espéré; ces malheureux transplantés sous un ciel étranger, parmi des peuples dont les mœurs leur étaient toutes nouvelles, n'ont songé qu'à retourner dans leur patrie, et n'ont guères laissé à Malthe que le souvenir de leur séjour.

On fabrique à Madras de très-beaux mouchoirs à grands carreaux de couleur, et d'une toile très-fine qui leur est particulière. Ces manufactures furent d'abord établies par les Hollandais dans une petite place qu'ils ont à quatre lieues plus au nord, et que l'on appelle Paliacatte. Bientôt leur beauté leur mérita une réputation qui les fit rechercher avec empressement. Les Anglais levèrent aussitôt à Madras des ateliers pareils; mais la supériorité des autres se maintint, et ils continuèrent

Mouchoirs.

à jouir d'une grande préférence. Alors, déterminés à faire tous les sacrifices possibles pour n'avoir de rivaux dans aucuns genres, ceux de Madras redoublèrent d'efforts, et parvinrent à donner à leurs mouchoirs un degré de beauté presqu'égal à ceux de Paliacatte : parvenus à ce point, il fallait faire tomber les autres, et c'est en cela qu'ils prouvèrent la supériorité de leur génie commercial. Bien d'accord entre eux, ils surent s'entendre assez pour subir une perte momentanée dont ils espérèrent bien se dédommager dans la suite, et réduisirent tout d'un coup leurs mouchoirs de vingt pour cent. Une telle diminution attira à l'instant le marché chez eux. Ceux de Paliacatte crurent que des améliorations dans les procédés, des économies dans la manufacture, ou quelque bénéfice résultant d'un plan sur une plus grande échelle, peut-être même un profit sur l'acquisition des matières premières, mettaient leurs rivaux dans le cas de supporter cette baisse, sans en être lésés; ils firent tous leurs efforts pour en faire autant, mais ils ne trouvèrent que pertes où ils pensaient que les autres faisaient des bénéfices. Ils ne purent supporter la concurrence, et ne soupçonnant pas la ruse dont ils étaient victimes, ils renoncèrent à travailler. Les entrepreneurs de Madras appelèrent aussitôt les ouvriers chez eux; et maîtres de ce commerce, ils rehaussèrent leurs mouchoirs à un prix qui les couvrit, et au-delà, de la perte qu'ils avaient momentanément essuyée.

Depuis cet échec, Paliacatte qui avait paru reprendre un peu de vie, est resté dans une inertie complète; il y mouille un seul vaisseau par an, qui vient y prendre quelques balles de marchandises, que la Compagnie d'Hollande fait préparer, et qui font tout le commerce de cet endroit.

Les avenues de Madras, sur-tout la

Auberges. grande route à l'ouest du fort Saint-Georges, sont magnifiques; plantées de quatre rangs d'arbres, elles annoncent majestueusement la résidence d'une grande puissance. Un étranger qui arrive par cette route, prend de la ville l'opinion la plus avantageuse, mais elle ne se soutient pas lorsqu'il descend à l'auberge, si l'on peut nommer ainsi deux mauvaises cahutes dans la ville Noire, et une assez chétive maison dans le fort. Les unes et les autres ne peuvent guères fournir que de méchans lits sur un canapé ou sur un pliant, dans un grand appartement où l'on couche tous pele-mêle, après qu'on a enlevé la table sur laquelle on a soupé.

Commerce. Le commerce à Madras, est plus particulièrement encore dans la main des Noirs qu'à Pondichéry, les affaires étant plus majeures, plus lucratives, et le négoce plus animé; le marchand européen néglige les détails et ne voit que sommairement les comptes dont son dobachi lui présente les résultats. Négligence parfaitement adaptée à sa manière de vivre, parce qu'il n'habite point le fort dans lequel est son comptoir où il vient à peine tous les jours donner trois heures d'attention à ses affaires.

Nabab du Canate.

La compagnie anglaise se dit alliée et protectrice du nabab du Carnate, elle lui a fait bâtir un superbe palais à quelque distance du fort Saint-Georges; elle le tient là dans son pouvoir, et lui dicte ses volontés, lui déguisant sous les honneurs qu'elle lui prodigue, les fers dorés dont elle l'enchaîne. Ce prince conserve encore l'ombre du pouvoir, c'est sous son nom que se promulguent les lois que les Anglais imposent à ses sujets. Sa faiblesse ne lui permet pas de se soustraire au joug sous lequel il gémit. Nouveau Monthesumé réduit à caresser la main qui l'opprime, il n'est pour les Anglais, qu'un instrument dont ils se servent afin d'en imposer aux Indiens, que l'habitude du respect pour leur prince, contient dans l'obéissance. Ils règnent véritablement à la place de ce nabab, auquel ils abandonnent pour dédommagement, les vains dehors d'un fantôme de royauté qu'il promène à Madras dans un équipage anglais. Luxe nouveau pour un prince d'Asie, et qu'il a payé du prix de sa couronne.

Navigation. La navigation des Indiens est encore très-défectueuse; si leurs vaisseaux sont mal construits, ce n'est pas qu'ils n'aient d'excellens matériaux. Le bois de teke qu'ils ont en abondance équivaut au chêne d'Europe. Ces bâtimens sont d'une forme désavantageuse et faits avec peu de solidité, à peine sont-ils calfeutrés, quelques-uns ne flottent qu'à l'aide d'un mastic dont ils les enduisent. C'est un composé de chaux et d'huile de poisson qui s'attache si parfaitement au franc bord, qu'il en remplit toutes les ouvertures et empêche efficacement l'eau d'y pénétrer. Les Indiens l'appellent galgate. Marine.

Ils ont encore une autre composition nommée sarangousti, qu'ils appliquent sur la tête des clous et sur les coutures. Ce mastic se fait avec le brai sec, et de l'huile de poisson ; on les bat ensemble jusqu'à ce que la composition ait acquis la consistance d'une pâte molle : elle s'applique alors sur le vaisseau, s'attache parfaitement au bois et durcit au point de faire refouler les meilleurs instrumens tranchans. On ne saurait trop recommander l'usage de ces deux compositions aux marines européennes.

Les vaisseaux indiens se nomment parias, et si la coque de ces bâtimens est défectueuse, leur gréement n'est pas meilleur. Leur mâture est de bois de teke, ce qui la rend très-lourde ; les manœuvres sont de bourre de coco que l'on appelle kaire ; ils ont peu ou point de poulies et des voiles à l'avenant. Aussi quoiqu'il y en ait de très-considérables, qui portent jusqu'à six cents tonneaux, ne sont-ils propres qu'à des trajets très-courts qu'ils exécutent avec le secours des moussons? Ils ne laissent pas que d'être assez nombreux, et font toute la navigation de la côte au Bengale et retour. Leur chargement le plus ordinaire consiste en sel et en riz, mais le grand cabotage d'une côte à l'autre se fait sur des vaisseaux de construction européenne.

Indépendamment du commerce maritime d'Inde en Inde, et de celui de la Chine, les négocians anglais se permettent encore de naviguer interlopes aux Moluques. Cette navigation donne des bénéfices immenses, proportionnés aux risques que l'on court. Il faut être en état de combattre avec supériorité une corvette garde-côte hollandaise de dix-huit canons. On se présente alors sur la côte, et les habitans des Moluques, habitués à ce genre de trafic, apportent en fraude au vaisseau sous voile, les épiceries dont ils veulent faire échange, et qu'ils donnent à bon marché. Mais comme un attentat de leur part ne pourrait être puni, et qu'on ne serait pas en droit d'en demander justice à la Compagnie hollandaise, les vaisseaux qui font ce commerce ne traitent avec les naturels que les armes à la main.

Géographie.

La géographie de la presqu'île de l'Inde est soumise à tant de variations, par les conquêtes et les usurpations qui changent les limites des différens états, qu'on ne peut avec certitude les déterminer ; ce qui serait exact aujourd'hui, ne le serait plus dans un an. Cependant, on peut la diviser en provinces, dont les principales sont, le Trevancour, le Decan, le Carnate et Arcat, le Maduré, le Tanjaour, le Maysour, Golconde, le Bisnagar, les quatre Sercars et le pays des Marates. Ces provinces furent jadis

dès gouvernemens relevant du Mogol, sous le nom de Nababie et de Soubabie. Le peu d'énergie de la cour de Delhi, augmentant la hardiesse des nababs, et leur assurant l'impunité, leur inspira l'ambition de se rendre indépendans. La faiblesse de l'empereur détermina leurs succès : plusieurs d'entre eux, devenus souverains, dédaignèrent le titre de nabab pour prendre ceux de sultan et de roi qui flattaient plus leur orgueil. Celui de Golconde est le seul qui ait conservé le titre de nizam qu'il avait auparavant. Hyder-
Provinces. Aly ne prit d'abord que celui de kan, son fils Tipou vient de périr avec celui de sultan ; ceux du Trevancour et de Tanjaour ont pris celui de roi. L'empereur du Mogol conserve bien encore sur eux une souveraineté imaginaire, qui ne se fait plus reconnaître qu'à quelques respects extérieurs, et à quelques diplômes que l'on sollicite par fois, pour consacrer une usurpa-

tion, de la même manière qu'on demandait dans les derniers siècles une bulle de Rome pour se faire donner une investiture ; l'empereur, qui a perdu toute autre autorité, ne manque guères de saisir cette occasion de faire un acte de souveraineté, et n'en refuse jamais.

Parmi toutes les puissances qui se sont affranchies de sa domination, les Marates sont les seuls qui, réduisant leur révolte en principes, ont abjuré l'autorité d'un maître. Ils ont formé une république très-redoutable dans le nord-ouest de la presqu'île. Leur cavalerie est très-nombreuse, et leur influence dans les affaires de l'Inde s'est d'autant plus accrue dans les derniers tems, que le premier ministre de l'empereur, homme d'un très-grand caractère, était un de leurs chefs. Il s'est fait connaître sous le nom de *Sandjah*, qu'il a rendu fameux. Son crédit à la cour de Delhi s'augmenta d'autant Marates.

plus, que l'empereur était d'une faiblesse extrême. Le pouvoir du monarque fut égalé par celui du ministre, qui, constant dans son attachement pour sa patrie, la servit efficacement auprès de son maître, et lui fit approuver sa révolte. L'alliance de cette république est du plus grand poids dans les affaires de l'Inde; aussi les Anglais n'ont-ils pas manqué de la déterminer en leur faveur, par tous les sacrifices qui ont dépendu d'eux. C'est au fidèle attachement de cette puissance qui joignit ses forces à celles de la Compagnie, que lord Cornwalis dut ses victoires sur Tipou. Ce prince se croyant assez fort pour vaincre seul, dédaigna de la rechercher, n'ayant pas prévu que cette négligence de sa part lui donnerait un ennemi de plus à combattre. La jonction de l'armée marate fixa la victoire sous les drapeaux du général anglais, d'abord repoussé avec perte de Séringapatnam, et prépara cette paix désavantageuse qui fut le prélude de la perte totale de Tipou.

Départ pour le Bengale.

Après avoir séjourné quelques jours à Madras, je partis pour le Bengale; je fus contrarié dans la baie de Balasor par des pluies et des brumes, accompagnées de calme, qui me forcèrent à mouiller par douze brasses. Comme la côte est fort basse, le fond monte si lentement, que dans cette baie la profondeur de 10 à 12 brasses est éloignée au moins de 12 lieues de l'entrée de la rivière; le fond ne s'élève que de 3 brasses depuis la tête des brasses jusque dans la rivière. Les pilotes ne vont jamais au-delà de dix brasses, là ils sont au-delà de tous les dangers; en conséquence, ils étaient fort éloignés de moi, et j'avais beau tirer des coups de canon de distance en distance, aucun ne m'approchait. Enfin, le second jour de mon arrivée, le tems s'étant un peu éclairci, j'appareillai, gouvernant au nord, avec beaucoup d'inquiétude des bancs de sable dont est semée l'entrée de la rivière ; je les connaissais si peu, que n'étant pas encore dans leurs parages, je craignais à chaque instant de toucher ; enfin, je trouvai les pilotes sur la tête des

Brasses. brasses, à-peu-près à une demi-lieue de la première bouée. On appelle brasses, des bancs de sable qui se projettent de l'embouchure de la rivière fort avant dans la mer. Ils sont d'autant plus dangereux, que rien n'en indique l'approche ; on ne voit aucunes terres sur lesquelles on puisse prendre des marques pour les éviter : il faut sonder soigneusement à chaque demi-minute, encore ce moyen ne pourrait-il suffire lorsqu'un vaisseau cingle rapidement et que la marée lui est favorable : il serait échoué auparavant que la sonde lui eût annoncé le danger. Pour prévenir cet inconvénient, on a placé des bouées de distance en distance, le long des canaux que les eaux rapides du Gange ont creusés dans ces bancs de sable; elles indiquent aux pilotes la route qu'ils doivent tenir. On a fait les mêmes dispositions dans la rivière de l'Elbe en Allemagne, dont l'embouchure présente à-peu-près les mêmes difficultés.

La rivière sur les rives de laquelle sont situés les établissemens européens dans le Bengale, n'est point le Gange; on lui en donne fort improprement le nom, c'est la rivière d'Ougli, ainsi nommée de la petite ville indienne, qui la première la rendit fameuse: elle prend sa source dans le Gange; ainsi, à la rigueur, on peut la regarder comme une petite branche de ce fleuve, dont le lit principal coule à l'est de celle-ci, et se jette à la mer par une multitude de bouches dans les parages de Chatigam.

Cette rivière d'Ougli est très-large à

son embouchure ; on y navigue long-tems avant de voir la terre ; ce n'est qu'à Cadgery qu'on commence à la voir des deux côtés. La distance du rivage au bout des bancs est très-considérable ; on est vraiment à la mer lorsqu'on y arrive, aussi les pilotes qui séjournent dans ces parages pour attendre les vaisseaux, sont-ils montés sur des bâtimens capables de recevoir une tempête et de résister à la grosse mer ; ce sont de très-beaux briks, susceptibles de toutes les navigations possibles. La Compagnie en possédait six sur d'anciens modèles ; elle en a fait construire à Bombay six autres qui sont des corvettes de seize canons, capables, au besoin, de faire la guerre. Par conséquent, les Anglais ont douze vaisseaux pilotes, les Français un et les Hollandais un, c'est-à-dire, les avaient avant la guerre. Ces bâtimens, ainsi que je l'ai dit, se tiennent à l'ancre à l'extrémité extérieure des

Pilotes.

bancs. Aussitôt qu'on les aperçoit, on tire un coup de canon, et on arbore un pavillon à la tête du petit mât de perroquet; à ce signal, il en appareille un qui vient au-devant du vaisseau qui appelle. Si ce n'est qu'un petit bâtiment, dont le tirant d'eau soit trop peu considérable pour exiger une grande habileté dans sa conduite, un des officiers du pilote se charge de le guider, et le chef reprend sa station. Mais si le vaisseau est assez lourd pour mériter l'attention du maître pilote, il vient lui-même à bord, et son brik navigue devant le vaisseau pour lui indiquer les passages, ayant soin de lui signaler le brassayage; le jour, avec un pavillon; la nuit, avec des feux. Toutes ces précautions sont indispensables; et quoiqu'elles préviennent bien des accidens, elles n'empêchent cependant pas qu'il n'en arrive souvent. Les marées du Gange sont prodigieusement rapides;

Pilotes. Les canaux que le cours de cette rivière a creusés dans les sables de son embouchure, n'ont pas plus d'une demi-lieue de largeur dans certains endroits. Lorsqu'on y entre dans la mousson de sud-ouest, le vent et la marée réunis, entraînant un vaisseau avec une rapidité égale à six lieues par heure, il suffit d'un faux coup de gouvernail pour le jeter trop d'un côté ou de l'autre, lui faire manquer la direction du canal dans lequel il doit entrer, et lui faire courir les plus grands risques, souvent même rendre son naufrage inévitable. Dans la mousson de nord-est, au contraire, l'entrée de la rivière est bien plus longue, plus pénible, mais moins dangereuse. Comme on a toujours le vent contraire, il faut louvoyer dans les canaux; par conséquent, les vaisseaux cinglent en les croisant, et la marée seule les conduit à leur destination. Pour exécuter cette manœuvre, à peine faut-il être pilote, il suffit de virer de bord toutes les fois que l'on arrive par quatre brasses et demie. La sonde annonce le retour au milieu du canal, en donnant sept brasses; on attend à se retrouver encore par sept brasses et demie pour revirer de nouveau. En continuant cette manœuvre, on se rend enfin à sa destination sans avoir couru de grands risques. Gange.

Quand on arrive à Cadjery, situé sur la rive gauche, on reconnaît ce village par une maison élevée appartenante à la Compagnie qui y tient un résident. De là on voit la pointe des vazes, ou *mudpoint*, sur la droite de la rivière : cette pointe termine la partie méridionale des bois de Sundry, fameux par le séjour des tigres de grande espèce dont ils sont remplis. C'est le tigre royal, ou tigre proprement dit de M. de Buffon ; ces animaux sont infiniment redoutables par leur force et leur agilité. Quelques-uns sont de la grandeur d'un bœuf. Leur robe est rayée fauve et noire, blanchâtre sous le ventre. Ils recherchent leur proie avec une telle ardeur, qu'on en a vu se jeter à l'eau et venir à la nage, attaquer des bateaux qui naviguait sur la rivière.

Tigres. Il est d'usage en passant à Cadjery, de prendre des bateaux à rames, pour faciliter les principales évolutions en remontant le fleuve. Mon vaisseau étant gros, j'en arrêtai douze qui me suivirent jusqu'au mouillage vis-à-vis de ces bois : quand je fus à l'ancre, ils se mirent derrière le vaisseau, ce qu'on appelle, en terme de marine, se mettre à la traîne. Une si grande quantité de bateaux interceptant trop de courant, et faisant force sur mon cable, le pilote leur ordonna de nous quitter, et d'aller se mettre à terre le long du rivage, d'où on les rappellerait lorsque le courant serait affoibli. Ils obéirent.

Malheureusement pour eux ils aperçurent du bois sec, c'est-à-dire quelques branches d'arbres morts. Cet article étant de défaite à Calcuta, ils descendirent promptement à terre pour en couper et remplir leurs bateaux. Ils étaient alors à-peu-près à 150 toises du vaisseau ; à peine avaient-ils commencé cette besogne, que nous les vîmes accourir au bord de l'eau avec toutes les marques du plus grand effroi. Ce n'était pas sans fondement, ils étaient poursuivis par un tigre, gros comme un veau ordinaire : nous le vîmes s'élancer hors du bois et saisir le moins agile à fuir. Il l'emporta en un clin-d'œil, sans que ce malheureux ni les autres fissent un geste pour s'opposer à la furie de l'animal ; son frère seul parut affligé et ne sortit plus de son bateau, les autres retournèrent aussitôt à l'ouvrage, persuadés que la part du tigre étant faite, ils ne courraient plus aucun danger. Tel est leur préjugé.

Quelque supériorité que de pareils monstres aient sur des hommes par leur force, leur férocité, et les armes dont les a doués la nature, cependant un certain instinct semble leur dire que le génie de ceux-ci leur en a créé de plus redoutables encore : en conséquence, ils fuient les endroits habités et cultivés ; et si par fois ils les visitent, c'est lorsque la faim les y contraint. En remontant la rivière d'Ougli, le village de Coulpy est le dernier établissement des Indiens sur la rive droite. Les tigres se font rarement apercevoir jusques-là. Mais depuis cet endroit jusqu'aux îles de Clives, leur nombre est si considérable, qu'on les voit quelquefois sur le rivage se promener par troupeaux. On vient de mettre ces îles en valeur et d'y cultiver du sucre. Leur défrichement a coûté la vie à quantité d'Indiens que ces animaux ont dévorés, à mesure que l'on détruisait le bois dont le pays était couvert, on relançait ces monstres dans leurs forêts, ils se jetaient alors sur les travailleurs : et ce qui paraîtra bien extraordinaire, ces derniers ne songeaient jamais à se défendre, quoique leur nombre excédât quelquefois cinq cents. Ils étaient persuadés que l'animal n'en emporterait qu'un, et qu'alors il ne reparaîtrait plus. En conséquence, ils ne l'apercevaient pas plutôt, qu'ils gagnaient au pays dans le plus grand désordre, chacun tirant de son côté, et se livrant à l'agilité de ses jambes : tant pis pour le moins alerte, le tigre l'emportait ; après quoi chacun revenait à l'ouvrage. Cette scène se répétait tous les jours, sans que les Noirs diminuassent de pusillanimité ; et ces alertes continuelles n'eussent pas coûté la vie à un seul de ces monstres, si quelques Européens bien armés qui dirigeaient les travaux ne les eussent par fois attaqués. Ils ont fini par faire retraite : ces îles étant découvertes, et ne leur offrant plus d'asile, ils sont venus augmenter sur le continent le nombre de ceux qui habitent les bois de Sondry.

Gange. En continuant de remonter le fleuve, on trouve après Coulpy, le port du Diamant, ainsi nommé par les Anglais. Ils y ont établi des cormors pour leurs vaisseaux. On nomme ainsi de grosses ancres, à poste fixe, sur lesquelles les bâtimens viennent se placer avec plus de solidité que sur leurs propres amarres.

Le gouvernement y entretient des officiers de port, une grande boulangerie, une boucherie, et des hôpitaux pour sa marine. Il s'y tient un marché dans lequel les gens de mer peuvent trouver abondamment tous les rafraîchissemens que le pays produit.

Au-delà de ce port, le lit du fleuve se jette sur la gauche, laissant sur la droite un banc de sable fort dangereux. A peu de distance de là, on franchit l'embouchure d'une grande rivière nommée improprement le vieux Gange : ce n'est qu'au-dessus du confluent de cette rivière, que les bords de celle d'Ougli commencent à devenir pittoresques. Sa grande largeur est alors réduite à celle d'une grande rivière ordinaire, et l'on peut jouir de l'aspect riant des deux rives.

Un peu plus loin sur la droite, on arrive à Fulta, possession hollandaise destinée jadis dans les jours de prospérité de cette Compagnie, à recevoir les gros vaisseaux, et réduite aujourd'hui à voir dans son mouillage une grosse galiote, qui vient tous les ans emporter les balles que la Compagnie expédie de Chinsura. Cette galiote est quelquefois accompagnée d'un petit vaisseau, mais c'est le *nec plus ultrà* du commerce de la Compagnie hollandaise au Bengale.

L'établissement à terre consiste en deux maisons, l'une desquelles est une auberge dont la moitié est bâtie en briques, l'autre est la résidence du commandant. Cet officier est un nègre chargé de hisser le pavillon de la Compagnie sur un arbre en guise de mât. Sa maison est moins somptueuse que l'auberge, car elle est toute construite en paille. Quant au village indien il est fort considérable, il renferme un basar ou marché très-bien fourni. Cette petite possession a cela de commun avec tous les établissemens hollandais dans le Gange, qu'elle sert de réceptacle au libertinage le plus effréné. Les matelots y trouvent assez communément leur compte, et c'est-là qu'ils recrutent les malheureuses qui vont au port du Diamant servir aux plaisirs des équipages anglais qui y sont fort nombreux, aider à peupler leur hôpital, et leur laisser souvent des souvenirs cuisans pour toute leur vie.

Mon pilote ayant mouillé près de

ce village, je descendis à terre pour me promener; mais comme le courant était trop fort pour me permettre de gagner le village même, je me fis débarquer dans une prairie voisine. La première chose que j'aperçus fut un pangolin; je le poursuivis jusqu'à l'entrée de son repaire, où je le joignis, et lui portai un coup de mon épée, qui se rompit entre deux écailles.

Je m'acheminai pour lors vers le village, passant au travers d'un bois fort touffu, percé d'un petit sentier large d'à-peu-près trois pieds; j'étais précédé d'un pion, et suivi de deux garçons que le sercar d'un de mes amis prévenu de mon arrivée avait envoyé au-devant de moi. Je fus surpris de voir tout d'un coup le pion faire un grand saut et fuir à toutes jambes; je m'approchai pour juger du sujet de sa frayeur, et n'en éprouvai pas une moindre, en voyant un énorme serpent traverser le sentier dans lequel j'étais engagé. Sa longueur était telle que je ne pouvais voir ni sa tête, ni sa queue, perdues dans les broussailles. Le monstre était brun, rampait fort doucement, et me parut de la grosseur d'un cable de dix-huit pouces; c'est-à-dire, qu'autant que je pus juger, il avait à-peu-près dix-huit pouces de circonférence. J'imitai mon pion, et sans affecter un courage d'autant plus hors de saison, que mon épée, arme assez inutile en pareil cas, était déja brisée, je franchis d'un saut par-dessus ce reptile, et m'éloignai un peu plus vîte que le pas. Quant aux deux garçons qui me suivaient, frappés de voir un pion s'enfuir, et un Européen le suivre assez vîte, ils rebroussèrent chemin, et ne me rejoignirent que le lendemain à bord du vaisseau.

En remontant quelques lieues plus haut, on trouve encore, sur la droite, le mouillage de Mayapour. Cet endroit fut jadis aux Français ce que

Fulta fut aux Hollandais ; c'était la rade où s'arrêtaient les gros vaisseaux de notre Compagnie, qui ne pouvaient monter à Chandernagore en raison de leur grand tirant d'eau. Ce petit endroit a subi le même sort que l'autre ; en proportion des pertes que la France a faites dans cette partie ; il est encore plus déchu que Fulta. On n'y voit plus ni maisons européennes, ni pavillon ; à peine quelques huttes et un mauvais bazar indiquent-ils que ce lieu exista. Rien ne représente au souvenir, l'idée du commerce qui s'y fit jadis lors de la splendeur de la Compagnie française ; tableau frappant des vicissitudes humaines. Mayapour fut un grand marché ; des vaisseaux de quinze cents tonneaux fréquentaient en grand nombre son mouillage, et y répandaient l'abondance et le luxe, quand le port du Diamant n'existait pas encore. Aujourd'hui, ce dernier est florissant ; le premier est désert, et n'a plus que son nom qui puisse rappeler au voyageur instruit qu'il fut jadis opulent; destinée commune à tous les établissemens français, qu'une suite constante de revers a condamnés à l'oubli.

Enfin, après avoir remonté quelques lieues au-dessus de Mayapour, les jardins et les palais somptueux annoncent les approches de la capitale de l'Inde, le chef-lieu de la puissance anglaise en Asie, et la plus belle colonie du monde. La richesse de ces bâtimens magnifiques, le luxe qui a transformé le bord du fleuve en jardins délicieux, la pompe de leur décoration, tout annonce l'opulence et le pouvoir des conquérans de l'Inde, et des dominateurs du Gange.

Calcuta. Ce fleuve, par ses sinuosités, cache la ville de Calcuta, que l'on n'aperçoit que lorsqu'on en est à petite distance. Le fort William's, la plus belle citadelle qui existe hors d'Europe, se présente d'abord aux yeux qu'elle étonne par sa grandeur et le luxe de ses bâtimens que l'on aperçoit par-dessus ses remparts. Les maisons qui forment le premier cordon de la ville au bout de son esplanade, sont autant de palais magnifiques, dont quelques-uns ont jusqu'à vingt-quatre colonnes de péristile. Tous ces édifices, rangés sur une ligne courbe dans une étendue de plus d'une lieue, forment le coup-d'œil le plus imposant, et donnent à la ville l'aspect le plus noble et le plus majestueux.

Calcuta est le seul grand établissement des Européens sur la rive droite du Gange; les autres nations se sont fixées sur la gauche, les Anglais seuls ont préféré la droite; quels que soient les motifs qui les aient décidés, l'emplacement est mal choisi. Le terrein n'est pas assez élevé au-dessus du lit de la rivière, et souvent, dans les grandes eaux, l'esplanade qui sépare la citadelle de la ville est, sinon submergée, au moins couverte çà et là, de manière à n'être pas praticable.

L'air n'est pas très-sain à Calcuta ; sa position entre la rivière et un grand lac sur le derrière, soumet la ville à des exhalaisons malfaisantes, on s'en préserve en habitant la campagne : mais un grand inconvénient auquel on ne peut remédier, c'est la situation de son port. Il est précisément au retour de deux pointes qui y accélèrent le courant dans tous les degrés de la marée. La barre s'y fait sentir assez pour démarer souvent les vaisseaux. On appelle la barre, au Bengale, ce que l'on appelle macrée en Europe. Les courans étant extrêmement rapides, sur-tout en juillet et août, moment de la fonte des neiges dans les montagnes de l'intérieur, le premier effet du flot ou marée montante, est non-seulement d'arrêter le cours du fleuve, mais même de le vaincre avec

Dessiné sur les lieux par S.D. G.P.

VUE PERS

VUE PERSPECTIVE DE LA CITADELLE

LA CITADELLE DE CALCUTA, NOMMÉE FORT WI

T WILLIAM.

une force suffisante pour prendre lui-même un cours extrêmement rapide. Le Bengale est si bas, que lorsque la mer, gonflée par le flux, se précipite dans le lit de la rivière; c'est avec une violence à qui tout cède. Le jusan, (on nomme ainsi le courant du reflux) qui rencontre un pareil obstacle, tend d'abord à s'élever; mais le flot, poussé par une force supérieure, le domine et passe par-dessus. Il résulte de ce conflit une lame très-grosse et très-écumante, que la marée montante pousse devant elle avec une prodigieuse rapidité, au grand préjudice des bateaux qui n'ont pas la prudence de l'éviter.

Cette barre n'a jamais son plein effet Port.
que d'un côté de la rivière; et pour s'en mettre à l'abri, il suffit de gagner le bord sur lequel elle se fait le moins sentir, ce qui est bien facile à juger. Chaque angle saillant lui faisant obstacle dans les sinuosités de la rivière,

elle se précipite sur le côté de l'angle rentrant, et continue ainsi jusqu'à ce qu'une autre sinuosité la rejette sur l'autre rive. Les Indiens accourent en foule au bord du fleuve au moment de la marée, s'empressent de se faire mouiller par cette eau, qu'ils regardent comme salutaire, et s'en aspergent avec dévotion en poussant des cris de joie.

Calcuta est placé précisément de manière à ce que la barre s'y fasse sentir, et quelquefois elle y est très dure, sur-tout dans les sigigies. Pour achever de rendre cet ancrage aussi mauvais qu'il puisse être, il est semé de bancs de sable vis-à-vis même du fort et de la ville. Les opérations du port en sont entravées; et lorsque le jusan a baissé la surface du fleuve, son cours se trouvant resserré par ces bancs de sable augmente de rapidité, et cause des accidens sans nombre, comme pertes de bateaux, avaries de vaisseau, pertes d'ancres, etc.

J'ai vu une fois tout ce mouillage en confusion; les parias qui sont ordinairement en grande quantité, s'amarrent au-dessus des Européens, vis-à-vis de la ville Noire. Ils sont dans l'usage de se réunir et de présenter au courant un grand front de vaisseaux rangés sur une ligne dont les cables travaillent tous ensemble. Cette manœuvre n'est pas sans risque, mais elle a l'avantage d'empêcher de lancer. On appelle lancer, rôder d'un côté à l'autre, et tracer un arc dont le centre est l'ancre, et le cable le rayon. Ce mouvement diminue l'égalité du tire du cable, entraîne souvent l'ancre et cause des abordages lorsqu'il se trouve quelqu'autre vaisseau à la portée du rayon dont on parcourt l'arc. Ainsi, sous ce rapport, la manœuvre de se réunir et de saisir les vaisseaux l'un avec l'autre aurait de l'avantage. Malheureusement, à l'époque dont je parle, un des parias de l'extrémité de la ligne eut son cable coupé. Il vint aussitôt en travers sur un autre; leurs cables sont d'ordinaire bons, mais leurs ancres sont détestables : celle de ce second paria ne put étaler, elle chassa, et voilà les deux bâtimens en drive; leurs voisins défilèrent l'un après l'autre, et, dans un quart-d'heure, furent tous les uns sur les autres au nombre de cent cinquante au moins. Une pareille masse de vaisseaux faisant un très-grand déplacement, ne pouvait opposer au courant aucuns moyens de résistance efficace. Ils tombèrent rudement sur les premiers vaisseaux européens mouillés derrière eux : ceux-ci les reçurent à coups de haches, brisant, taillant tous ceux qui s'accrochaient à eux; mais le nombre était trop considérable, la marée les jetait en travers sur les amarres, les mâts de beaupré se cassaient; enfin, les ancres et les cables ne pouvant contenir un pareil poids, tout manqua. Voilà le désordre parmi tous les vaisseaux : les uns et les autres se mêlèrent avec les parias ; on n'entendait que vergues et mâts qui se brisaient, quelques-uns des plus sensés s'échouèrent ; les autres continuèrent à se mettre en désaroi, bien peu réussirent à se préserver de la confusion générale. La direction de la marée garantit seule, ceux qui n'étaient pas dans le fil de l'eau, tous les autres y furent pour quelque chose. Qu'on se figure à-peu-près trois cents bâtimens pêle-mêle, s'accrochant les uns aux autres, emportés par une marée rapide dans des dangers dont le moindre était la perte de chaque vaisseau qu'elle entraînerait sur les bancs ; qu'on ajoute les cris, les juremens, les imprécations, les blasphêmes de tant de nations qui parlaient un langage différent sans se comprendre les uns les autres, on aura à-peu-près l'idée du tableau que j'avais sous les yeux. Si les premiers vaisseaux qui furent emportés avaient jeté aussitôt les ancres qui leur restaient à bord, il est hors de doute que tous auraient péri ; mais ils eurent la précaution de les conserver, jusqu'à ce qu'ils fussent hors de la bagarre : se trouvant alors seuls, ils mouillèrent par-tout où ils purent, se mettant en sûreté jusqu'au retour de la marée, et jusqu'à ce que le port pût leur envoyer des secours. J'étais par hasard à bord de mon vaisseau dans le moment où le désordre commença : j'étais mouillé au milieu de la rivière, à-peu-près à moitié de la longueur du port où je ne pouvais éviter le sort commun, si par le plus grand bonheur, un accident ne m'eût décidé à prendre les moyens de me soustraire au péril que je voyais s'approcher. Un gros vaisseau anglais, se retirant de la mêlée, vint me fixer au seul parti que j'avais à prendre : il lancé au large, et se jeta sur moi avec tant de rapidité que je n'eus que le tems de couper mon cable d'un coup de hache, pour éviter un abordage qui pouvait nous couler tous deux. Je laissai driver sans vouloir mouiller aucune ancre, et je descendis jusqu'au-dessous de la citadelle, à plus d'une lieue de là; je mis deux ancres dehors, et restai parfaitement en sûreté, jusqu'à ce que l'ordre fut rétabli à Calcuta; je remontai alors au mouillage.

Une pareille aventure est la chose la plus heureuse qui puisse arriver aux officiers de port; ils commencent par vendre, ou faire vendre par leurs Noirs, les ancres dont on peut avoir besoin. Ensuite ils prennent une déclaration du capitaine, dans laquelle celles qu'on a perdues sont bien désignées, le poids, les marques qu'elles portent, les bouts de cable qui sont restés dessus, le lieu à-peu-près où elles doivent être, en un mot on spécifie tout ce qui peut contribuer à les faire retrouver : on enregistre cette déclaration, après quoi les capitaines n'en entendent plus parler.

J'en ai perdu cinq dans l'espace de trois semaines, et je n'ai pas manqué de faire pour les deux premières les déclarations qu'on me demandait. Je ne sortais jamais du bureau du port, sans être bien persuadé que mon ancre était aussi bien sur le fond qu'à bord de mon vaisseau, et que je l'aurais indubitablement aussitôt que je la réclamerais. Après en avoir perdu deux, je me crus en droit de demander la première, et de prier qu'on me la relevât, offrant de payer les frais.

Celui auquel je m'adressai, était un bon homme qui pillait en conscience, parce qu'il lui paroissait qu'être seul honnête et probe, était un métier de dupe, qui lui ferait tort, sans être d'aucun profit à personne ; attendu que les autres n'en voleraient pas moins. Il se mit à rire de ma crédulité, et me conseilla tout doucement de ne plus songer à mes ancres. Cette perte étant majeure et coûtant très-cher à remplacer, je ne tins compte de son avis, et n'en parlai que plus haut. Je fus m'adresser au capitaine de port, T......, officier d'une probité qui faisait proverbe; il avait amassé une assez grosse fortune à ce métier, et depuis ce moment il lui était venu des scrupules sur l'irrégularité des procédés des officiers de port. Sa conscience ne le stimulait pas jusqu'à la restitution de ce qu'il avait acquis, mais il désirait empêcher les autres d'en faire autant. Ce n'était pas le compte de ceux-ci, qui ne permettant pas qu'on chassât sur leurs brisées, n'avaient aucun égard aux ordonnances du vieux capitaine, dont la vigueur et l'activité physique et morale étaient insuffisantes pour les surveiller; en conséquence, en dépit de la probité du chef, les subalternes étaient des fripons.

M. T.... (1) *damna ses yeux et son ame*, jura que mes ancres seraient retrouvées et qu'elles me seraient rendues. La première partie de son serment fut accomplie ; mais le vent emporta la seconde, je ne les ai jamais revues. Il me délivra fort obligeamment un ordre, portant de me donner une chaloupe, des plongeurs, des noirs, et un officier marinier, pour relever moi-même les ancres que j'avais perdues. Je retournai plein d'espoir au bureau du port ; un officier voulut bien me parler, après m'avoir fait attendre à-peu-près une demi-heure, il lut et relut l'ordre, puis le porta à un autre ; celui-ci le lut encore, et le renvoya à un troisième qui était très-occupé, et répondit *very well*. Ce ne fut qu'au bout d'à-peu-près une heure, que voyant ma constance à l'attendre, il ôta ses lunettes, et vint à moi me

(1) Jurement anglais très-ordinaire.

demander ce que je voulais. Je lui répondis que j'avais apporté un ordre de M. T...... qui devait lui faire comprendre le motif de ma visite. Il me dit *very well*, prit l'ordre ; remit ses lunettes qu'il essuya long-tems, lut et relut le papier, le retourna, me dit derechef *very well* et me tourna le dos.

Je le priai de vouloir bien donner des ordres, et de me faire savoir quand je pourrais obtenir ce dont j'avais besoin, ajoutant que la chose pressait, parce que mon vaisseau était sur une ancre, et qu'il ne m'en restait point d'autre. Le fatal *very well* fut tout ce que je pus obtenir. Celui qui le premier m'avait conseillé d'abandonner mes ancres, vint à moi, prit l'ordre en demandant la permission à l'autre, qui lui fit une légère inclination de tête, en lui disant comme à moi, *very well*. On eût dit que cet homme ne connaissait pas d'autre mot. Enfin l'on me dit de repasser le lendemain. Je commençai par me procurer sur-le-champ de nouvelles ancres pour mettre mon vaisseau en sûreté ; mais le lendemain, fidèle au rendez-vous, je fus revoir monsieur *very well*, qui ce jour là ne me dit rien. Une espèce d'apprenti pilote, me dit qu'il avait ordre de venir avec moi. Je sortis incontinent pour aller prendre la chaloupe qu'il devait m'indiquer, emmenant de plus un plongeur et vingt noirs. En passant près de mon vaisseau, je pris encore dix hommes, de mes meilleurs; je fis armer deux bateaux du pays, qui me servaient, et que je fis monter par des gens à moi, avec un officier dans chacun. Je me rendis alors au lieu où j'avais perdu mes ancres, et j'essayai, mais en vain, de les trouver, avec les gens du port. Enfin leur mal-adresse était si peu naturelle, que j'y soupçonnai du mystère. J'ordonnai à mes officiers qui montaient les bateaux à rames, de draguer l'une d'elles, en leur indiquant le lieu où je la supposais être. Ils la trouvèrent du premier coup. Je fis sur-le-champ plonger dessus pour la reconnaître et y couler un maillon. A peine le plongeur fut-il sur le fond, que la ligne de sonde avec laquelle j'avais dragué, lâcha prise. Je vis de ce moment qu'on avait donné des ordres en vertu desquels je devais ne pas réussir. Je fis répéter l'opération ; je trouvai encore l'ancre, et me disposai aussitôt à couler le maillon ; mais le pilote, sous prétexte de m'aider, fit roidir la ligne de sonde sur la chaloupe, et la fit rompre. Il fallut recommencer une troisième fois, le plongeur fit à tous coups déprendre le maillon ; il finit par dire que l'ancre étoit trop enfouie, et ne voulut plus plonger, se disant fatigué. Pendant tout ce tems, la marée montante se fit sentir avec force ; il fallut suspendre cette opération. Le pilote m'engagea à laisser la chaloupe en place sur une amarre, afin do marquer l'endroit, se proposant de recommencer le lendemain ; j'y consentis. Au point du jour je jetai les yeux sur le lieu où je l'avais laissée, mais inutilement, elle n'y était plus. Je courus au bureau du port : on n'en avait point de nouvelles, me dit-on, mais on envoya de tous côtés pour la chercher, ce qui était assez inutile, car on savait très-bien où elle était. Le troisième jour on m'envoya dire qu'elle était retrouvée, et l'on voulut bien joindre à ce message un compte de dépenses qu'il fallait payer à l'instant. Tant par jour pour la chaloupe, tant pour le pilote pour autant de jours, tant pour les noirs Lascars *idem*, tant pour le plongeur *idem*, tant pour le droit du port, tant pour les apparaux de la chaloupe, tant pour son amarre qui s'était rompue, tant pour son ancre qui se trouvait perdue, tant pour les Noirs qui l'avaient retrouvée, tant pour ceux qui l'avaient ramenée, tant pour réparer les avaries qu'elle s'était faites; enfin le compte ne finissait point, et s'élevait à cinq cent soixante-sept roupies Sicca. Il était inutile de disputer, il fallait finir, c'est ce que je fis. Je retournai porter l'argent au bureau du port; un officier me montra du bout de sa plume monsieur *very well*, qui le reçut sans dire un mot, jeta un coup d'œil sur le compte, vérifia le nombre des roupies, me salua en me disant *very well* et me congédia, bien déterminé à ne plus essayer de relever aucune ancre, quand même je les perdrais par douzaines. Cette leçon me suffisait, j'avais perdu en frais superflus la valeur de celle que je cherchais, et ne pus recouvrer aucune des autres.

Je me plaignis par-tout, on haussa les épaules, en me disant froidement : c'est bien fâcheux pour vous, mais il faut que chacun vive. En effet jamais vaisseau étranger n'a retrouvé aucune des effets qu'il a perdus dans ce mouillage. Quelquefois certains capitaines anglais, bien privilégiés, sont traités avec plus de douceur, mais le nombre en est très-petit.

Lorsque la saison des mortes eaux arrive, alors les officiers de port s'évertuent à relever les ancres perdues, ils les retrouvent toutes, et les vendent de nouveau à ceux qui en ont besoin. Qu'on me pardonne le petit mouvement d'humeur que m'arrache le souvenir des injustices dont j'ai été témoin et victime; je n'ai pu m'empêcher d'y céder et de dévoiler des manœuvres odieuses, au risque de déplaire à certaines personnes que je n'ai pas voulu nommer. Au surplus c'est la dernière fois que je traduirai quelqu'un au tribunal du lecteur; j'abandonnerai désormais à celui de leur conscience, ceux qui renonçant à tous sentimens d'humanité et d'hospitalité, ne rougissent pas d'employer la portion d'autorité qui leur

Tom. 2e
3
6

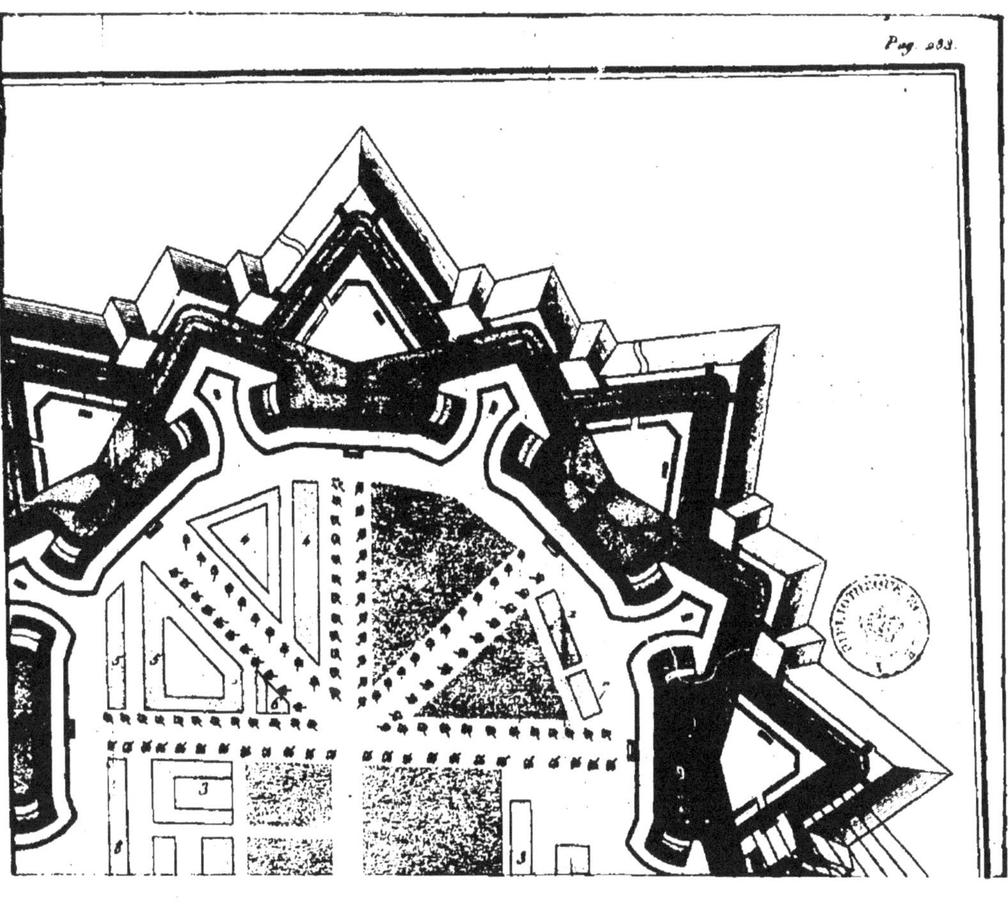
4
4
5
5
6
1
2
7
3
8
3
9

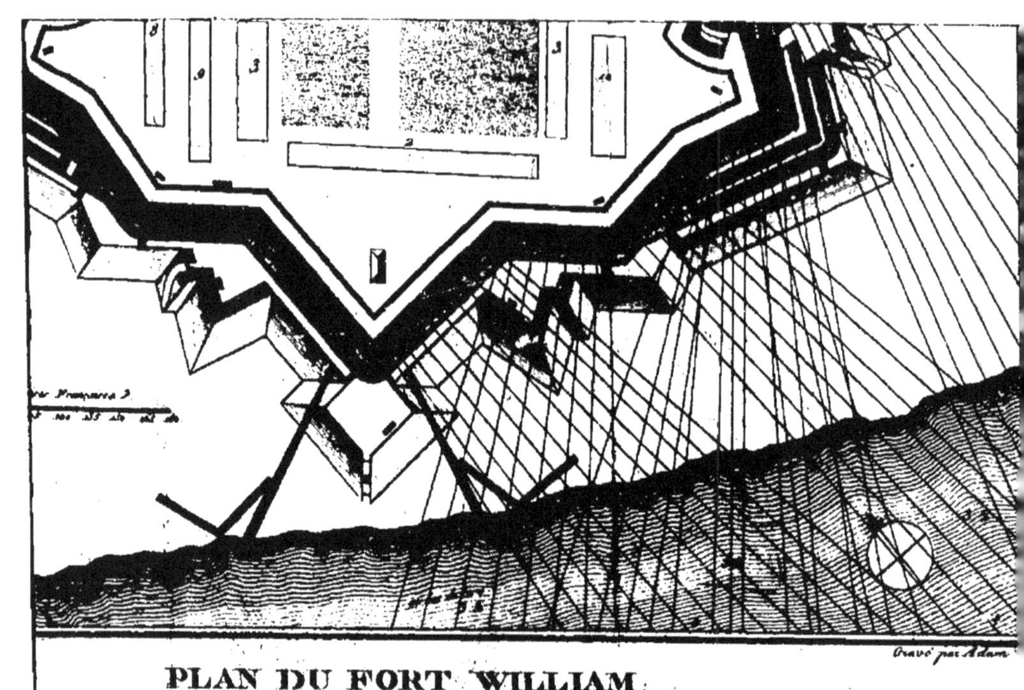

Gravé par Adam

PLAN DU FORT WILLIAM;

Citadelle de Calcuta, dans le Bengale.

Levé sur les lieux en 1794, par L. De Grand-Pré.

...mandant.	4. Casernes et Ateliers de l'artillerie.	6 Jeu de Balle ou Paume	8. Arsenal
...mpagnie.	5. Casernes des Cipahis	7 Ingenieur en Chef.	9. Etat major et Officiers.
			10. Magasin général.

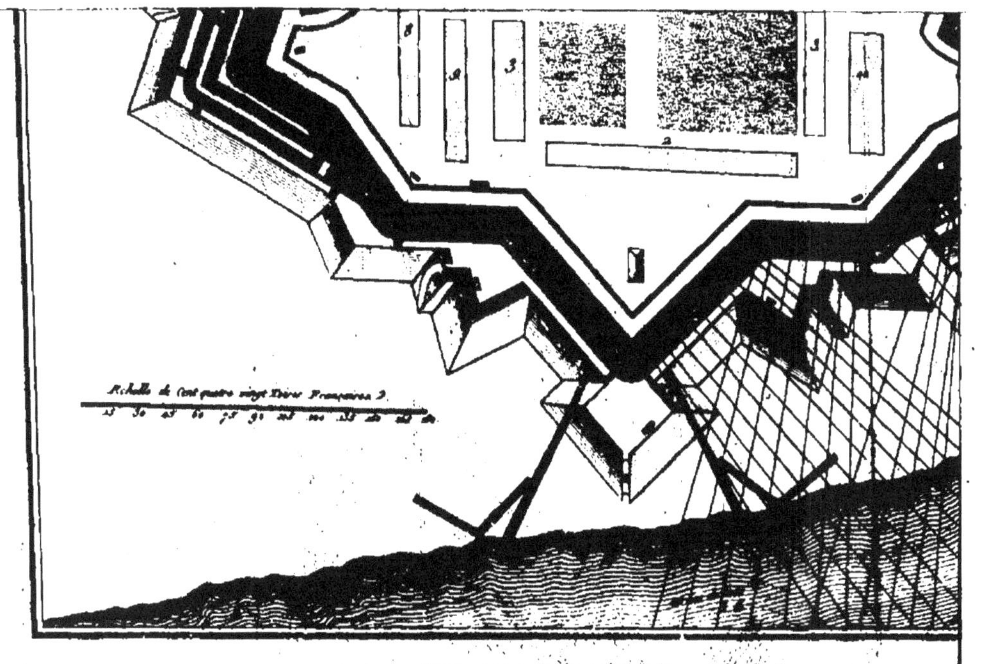

PLAN DU FORT WILLIAM,

Citadelle de Calcutta, dans le Bengale.

Levé sur les lieux en 1792, par L. De Grand-Pré.

1. Logement du Commandant.	4. Cazernes et Ateliers de l'artillerie.	6. Jeu de Balle ou Paume.
2. Cazernes Royalles.	5. Cazernes des Cipahis.	7. Ingenieur en Chef.
3. Cazernes de la Compagnie.		

est confiée, pour dépouiller à cinq mille lieues de leur patrie, des gens qu'ils devraient au contraire protéger. A l'extrémité de l'Asie, tous les Européens sont compatriotes, ou du moins devraient l'être.

La citadelle de Calcuta, est un octogone sur la première de Vauban; cinq fronts sont réguliers; les trois autres, faisant face à la rivière, sont irréguliers et doivent leur forme à la fantaisie de l'ingénieur qui a bâti la place. Comme elle n'a point d'approches à craindre de ce côté et qu'on ne peut l'attaquer que par eau, puisque le fleuve baigne ses glacis, il a suffi de présenter aux vaisseaux qui viendraient l'insulter, un front capable de leur opposer une artillerie supérieure: il fallait aussi les découvrir de loin, afin de les maltraiter dans leurs manœuvres du moment qu'ils seraient à portée du canon. C'est ce qu'on a fait en donnant à la citadelle vers la rivière, la forme d'un grand

Fort William's.

éperon dont les faces en enfilent le cours. Cet éperon ne cesse de voir l'objet auquel il tire, que lorsqu'il est rendu très-près de la ligne de sa capitale. Mais alors ses faces sont flanquées de chaque côté d'un front parallèle au bord du fleuve, et qui ferait un grand effet sur des vaisseaux embossés vis-à-vis. Cette partie est de plus défendue par les bastions voisins, et par une contre-garde dont ils sont couverts. Les cinq fronts réguliers sont tournés vers la campagne; les bastions ont tous des oreillons très-saillans, derrière lesquels sont les flancs retirés circulaires, très-spacieux, et de plus un double flanc à hauteur de berme, situé en forme inverse, à la même place que la tenaille de Belidor. Ce double flanc serait d'une défense excellente, et retarderait d'autant plus le passage du fossé, que par sa forme il n'est pas enfilable; l'oreillon le préserve du ricochet, et on ne peut le voir d'aucune parallèle :

faut être maître du chemin couvert, y faire des logemens solides et y élever des batteries plus fortes que lui, sans quoi on ne pourrait le réduire au silence, car on ne peut le battre que de la contrescarpe. La berme vis-à-vis de la courtine, sert de chemin pour y aller, et contribue à la défense du fossé, comme une fausse braie. Le fossé est sec avec une cunette au milieu, qui reçoit ses eaux du Gange par deux écluses dont le fort est le maître; la contrescarpe et le chemin couvert sont excellens. J'ai vu des soupiraux sur les remparts, qui m'ont fait soupçonner qu'on avait pratiqué la galerie magistrale derrière les contre-forts du revêtement. Les glacis sont minés, si j'en juge par les portes des galeries que j'ai vues aux angles rentrans du chemin couvert du côté de la campagne: chaque courtine est couverte d'une grande demi-lune sans flancs, sans bonette ni redoute; mais les faces montent treize pièces chacune, ce qui élève à vingt-six bouches à feu les défenses de ces ravelins. Les demi-bastions qui terminent de chaque côté les cinq fronts réguliers, sont couverts d'une contre-garde, dont les faces sont percées de treize embrâsures, comme les demi-lunes. Ces contre-gardes sont mariées à deux redoutes bâties dans les places d'armes des angles rentrans qui les avoisinent. Le tout est revêtu et palissadé avec soin, supérieurement entretenu et capable de faire une vigoureuse défense, contre une armée quelconque. Les ouvrages avancés sont fort grands, et les angles des demi-lunes étant fort aigus, se projettent fort avant dans la campagne, se découvrent mutuellement au-delà de l'angle flanqué du polygone, et prendraient de très-bonne heure la tranchée à revers.

Cette citadelle se nomme le fort William's; elle est plus grande et susceptible d'une défense plus régulière et plus savante que celle du fort Saint-Georges à Madras. Le fort William's n'est point rempli de maisons, on n'y voit que les bâtimens nécessaires au service de la place, comme logement du commandant, quartiers pour les officiers, pour les troupes, et arsenaux. Du reste l'intérieur libre offre de superbes pelouses, des allées bien sablées plantées d'arbres çà et là, des canons, des boulets, des bombes; en un mot tout ce qui peut contribuer à rendre son aspect grand, noble et militaire. Chaque porte est surmontée d'une maison destinée à loger un major.

Ces édifices, ainsi que tous ceux que renferme le fort, sont autant de palais magnifiques. Lors de mon dernier voyage, le colonel Morgan y commandait, et remplissait sa place très-honorablement, accueillant très-bien les étrangers. Un jour, en sortant de table, nous passâmes dans son cabiant, où l'on conserve avec soin un superbe portrait en pied de Louis XV, armé de pied en cap, et pris à Pondichéry d'où on l'a transporté au Bengale. Il fut fort empressé de me le faire remarquer. Je fus touché du respect qu'on lui témoignait; mais je ne pus m'empêcher de regretter de le voir en des mains ennemies: il me sembla que sa majesté était prisonnière de guerre. Ce sentiment me rappela vivement celui de nos défaites en Asie, et m'arracha un soupir qui n'échappa point au commandant. Mais sa politesse délicate et soutenue parvint à dissiper l'impression de chagrin que ces réflexions m'avaient occasionnées.

FIN DU PREMIER VOLUME.

www.ingramcontent.com/pod-product-compliance
Ingram Content Group UK Ltd.
Pitfield, Milton Keynes, MK11 3LW, UK
UKHW021904260726
13966UKWH00006B/474

9 782013 425339